엑스포지멘터리 성경공부 시리즈

창세기(Ⅲ)

창세기 25-50장

KB211256

엑스포지멘터리 성경공부 시리즈

창세기(Ⅲ) 인도자용

창세기 25-50장

| 송병현 · 임우민 지음 |

차례

창세기(Ⅲ) 엑스포지멘터리 성경공부 오리엔테이션
(60분 소요)

1. 찬양과 기도 (5분)

다함께 찬양할 수 있는 곡을 선곡하십시오.

세미나 모임을 위해 기도하십시오.

2. 자기 소개 (10분)

1) 서로 잘 아는 사이의 그룹일 경우 – 한 명씩 돌아가면서 소개하도록
하십시오. 본인의 성격을 동물이나 꽃에 비유하여 소개하는 것도
자신의 특성을 잘 소개할 수 있는 방법입니다.

2) 서로 잘 모르는 사이의 그룹일 경우 – 두 명이 한 조를 이루어 각자의
'제일 잘 하는 것 한 가지'를 서로 나눕니다. 3분 정도 후 돌아가며
서로의 짝을 소개하는 시간을 갖습니다. 쑥스러운 분위기를 부드럽
게 만드는 방법입니다.

인도자가 먼저 자신을 소개하여 어떻게 하는지 본을 보입니다.

3. 학생용 책 나누어 주기 (5분)

인도자 지침서는 나누어 주지 마십시오.

4. 엑스포지멘터리 성경공부 시리즈에 대한 소개 (2분)

'엑스포지멘터리'(EXPOSItory + comMENTARY = EXPOSIMENTARY, 해설주
석)는 '해설, 설명'을 뜻하는 'expository'라는 단어와 '주석'을 뜻하
는 'commentary'를 합성한 단어입니다. 본문의 뜻과 저자의 의도와
는 연관성이 없는 주제와 묵상으로 치우치기 쉬운 expository의 한계
와 필요 이상으로 논쟁적이고 기술적일 수 있는 commentary의 한계
를 극복하여 가르치는 사역에 도움을 주기 위한 새로운 장르입니다.
〈엑스포지멘터리 시리즈〉로 재구성한 '엑스포지멘터리 성경공부 시

리즈'는 올바른 성경해석과 적절한 말씀 적용을 핵심 목적으로 하는 평신도를 위한 성경공부 교재입니다.

5. 창세기(III) 서론 (15분)

1. 신학과 메시지
   1) 하나님의 주권   2) 소명   3) 형통

2. 인물의 특징
   1) 이삭   2) 야곱   3) 요셉

3. 구조

6. 이 책의 구성 및 사용 방법 (10분)

1) **복습**(예상소요 시간: 5분)
- 복습은 지난주에 배운 말씀 중 가장 핵심적인 부분을 이해하고 있는지 확인하는 부분입니다.
- 지난주에 결단했던 '생활의 아로마'가 어떻게 진행되었고, 삶에 어떤 변화를 가져왔는지 간단히 나눕니다.

2) **말씀 돋보기**-관찰(예상소요 시간: 20분)
- 말씀 돋보기는 숙제로 제시합니다.
- 말씀 돋보기는 Tip을 제시하고 있으며, Tip을 자세히 읽으면 스스로 답을 얻을 수 있습니다. 그러나 되도록이면 성경에서 답을 찾고 기록한 후, 그 문제를 이해했는지를 Tip을 통해 확인하도록 하십시오.
- 모임 시 함께 풀어 보며 문제들에 필요한 추가 설명을 곁들이고 어려움이 없었는지 확인합니다.

3) 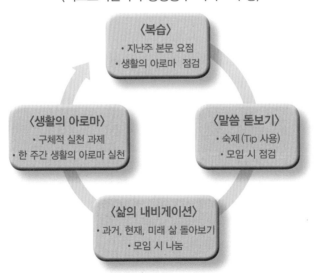 **삶의 내비게이션-적용**(예상소요 시간: 25분)

- 삶의 내비게이션은 모임 시간에 함께 나누는 부분입니다.
- 삶의 내비게이션은 과거, 현재, 미래형 질문으로 구성되어 있습니다.

4) **생활의 아로마-실천**(예상소요 시간: 5분)

- 생활의 아로마는 구체적인 실천 과제를 학생 스스로 적고 실천하는 부분입니다.
- 생활의 아로마는 매주 모임에서 토론한 내용 중에서 각자의 상황과 결단에 맞추어 한 가지 정도의 구체적인 실천 과제를 제시합니다. 모임을 시작하면서 실천 과제를 서로 나눕니다.
- 나눔의 깊이는 성령님의 인도하심, 인도자의 지혜, 그리고 그룹 구성원의 서로에 대한 신뢰의 정도에 따라 차이를 보일 수 있습니다.
- 학생용 교재 뒷부분의 '창세기(Ⅲ) 말씀 공부를 통한 삶의 변화 일지'를 이용해 엑스포지멘터리 성경공부를 통해 갖게 된 삶의 변화 과정과 결과를 한눈에 볼 수 있게 하였습니다.

〈엑스포지멘터리 성경공부 시리즈 구성〉

〈복습〉
- 지난주 본문 요점
- 생활의 아로마 점검

〈생활의 아로마〉
- 구체적 실천 과제
- 한 주간 생활의 아로마 실천

〈말씀 돋보기〉
- 숙제(Tip 사용)
- 모임 시 점검

〈삶의 내비게이션〉
- 과거, 현재, 미래 삶 돌아보기
- 모임 시 나눔

7. 서류 작성 (5분)

신청서, 기도제목, 비밀 유지 서약서(교재 끝 페이지) 등을 작성합니다.
서로의 기도제목을 작성하고 인도자가 정리 후 나누어 주어, 매주 모임에서 함께 중보할 수 있도록 합니다.

8. 기대와 포부 (5분)

성경공부 모임을 통해 기대하는 것을 구성원 중 두 명 정도만 이야기하도록 합니다.

9. 숙제와 실천 과제 (5분)

한 주간의 말씀 돋보기 부분을 숙제해 오도록 하십시오.
실천 과제로 창세기 12~24장을 소리 내어 두 번 읽어 오도록 하십시오.

10. 기도

다함께 이 성경공부 모임을 위해 기도하십시오.
다음 모임의 약속과 장소를 다시 한번 공지하십시오.

창세기(III) 서론

엑스포지멘터리 성경공부 창세기의 마지막 편인 본서에서는 창세기 25~50장을 살펴볼 것이다. 여기서는 하나님께서 선택하신 아브라함의 후손 이삭 집안의 이야기를 회고하고 있다. 특히 이삭과 그의 큰아들 에서는 간략하게 기록하고 있는 반면, 둘째 아들 야곱과 그의 아들 요셉을 집중적으로 조명하고 있다. 창세기를 읽어 내려가는 독자들은 아브라함이 죽은 후 그의 아들 이삭의 전성시대가 올 것을 기대하겠지만, 이삭의 삶은 아버지 아브라함과 아들 야곱의 이야기 사이에 희미하게 묻어 있을 뿐 그의 일생을 따로 떼어 상세하게 묘사하는 사이클은 없다. 대신 야곱과 요셉을 중심으로 한 이야기로 창세기가 끝나고 있다.

1. 신학과 메시지

하나님의 주권

선조들이 당면했던 위기는 하나님의 강력한 주권 행사로 반전된다. 라반은 다양한 모략을 통해 야곱을 착취했지만, 하나님께서는 야곱이 라반에게 착취당한 모든 노동의 대가를 충분히 받을 수 있는 상황으로 만드셨다(30장). 에서는 20년 만에 고향으로 돌아오는 동생 야곱을 죽이려고 군대를 이끌고 나왔지만, 결국 그를 울면서 환영했다(33장). 형제들은 요셉을 노예로 팔았지만, 훗날 요셉은 하나님께서 야곱의 자손들을 살리기 위해 먼저 자신을 이집트로 보내신 것이라고 고백한다(45:5). 또한 요셉은 야곱의 자손이 머물 장소를 고센으로 정하고, 자신의 죽음 후에 대한 유언을 남기는데, 이것은 요셉이 하나님의 주권을 믿고 순종하는 사람이었다는 것을 잘 보여준다.

소명

아브라함을 부르신 하나님은 야곱을 부르셔서 항상 그와 함께 하며 보호하시겠다는 약속을 주셨다. 요셉을 부르셔서 모든 형제와 그의 부모가 그에게 절하게 되리라는 것을 약속하셨다. 그러나 요셉은 큰 대가를 치러야 했다. 노예로, 죄인으로 타지에서 외로움과 공허 속에서 지낸 것으로 보인다. 요셉은 하나님과 동행하며 이 세상에서 살아가는 현실적인 이야기를 잘 보여 준다.

형통

요셉이 하는 일마다 잘되어 주인이 그를 전적으로 신임하여 모든 일을 맡기게 된 것은 하나님께서 아브라함에게 "너를 축복하는 자에게는 내가 복을 내리고"(12:3)라고 선언하신 말씀의 성취이다. 요셉은 하나님께서 아브라함에게 말씀하신 '함께 하시는 형통의 복'을 받은 것을 확실하고 구체적으로 보여 주고 있다. 그러나 하나님께서 함께 하신다고 해서 항상 모든 일이 잘 되는 것은 아니다. 그 과정 속에서 고난을 당할 수 있다. 요셉의 경우가 그러했다.

2. 인물의 특징

이삭

1) 하나님은 다른 선조들과 달리 이삭의 이름을 직접 지어 주셨다 (17:19).
2) 평생 가나안 땅(브엘세바)을 벗어나지 않고 살았다.
3) 평생 리브가와만 살았다.
4) 이삭은 한 번도 주변의 세력과 싸우지 않았다.
5) 유일하게 농업에 종사했다.
6) 다른 선조들보다 장수했다.

야곱

1) 믿음과 바람직한 인품을 지닌 사람이 아니었다.

2) 도덕적이고 양심적인 사람이 아니었다.

3) 야곱의 삶은 도주로 가득하다.

4) 야곱의 삶은 속이고 속는 삶이었다.

5) 다른 선조들은 자손이 귀했으나 야곱은 자손 번성의 축복을 받아 열두 아들을 얻었다.

요셉

1) 이렇다 할 기적이나 초인적 사건이 없다

2) 하나님께서 그와 직접 말씀하시지 않는다.

3) 다른 선조들처럼 제단을 쌓지도 않는다.

4) 하나님의 역사는 대부분 간접적으로, 정황적으로 요셉의 삶에 영향을 미친다.

5) 요셉 스토리의 옷들의 행진

아버지께 '존귀한 옷'을 받음(37:3)

형제들이 '노예의 옷'을 입힘(37:23)

보디발의 집에서 '집사의 옷'을 입음(39:4)

안주인이 옷을 벗기고 '죄인의 옷'을 입게 됨(39:12)

죄수의 옷을 벗고 '총리의 옷'을 입음(41:42)

3. 구조

야곱 이야기

A. 어려운 출산 – 야곱 탄생(25:19-34)

　B. 이방인 왕실에 머문 리브가 – 이방인과 "언약"(26:1-35)

　　C. 야곱이 에서를 두려워함(27:1-28:9)

요셉 이야기

장자의 자격

창세기 25:19-34

학습목표

1. 하나님께서 주신 축복을 소중하게 누릴 수 있다.
2. 하나님의 약속을 믿고 미래를 소망하며 살 수 있다.

KEYWORD 이름, 축복, 중보

Ⅰ. 찬양과 기도

Ⅱ. 복습문제 풀이

 복습

1 창세기 25-50장에 등장하는 대표적인 인물 세 명의 특징은 무엇인가?(기억나는 대로 기록하시오.)

이삭

1) 다른 선조들과 달리 하나님이 이름을 직접 지어 주셨다(17:19).

2) 평생 가나안 땅(브엘세바)을 벗어나지 않고 살았다.

3) 평생 리브가와만 살았다.

4) 이삭은 한 번도 주변의 세력과 싸우지 않았다.

5) 유일하게 농업에 종사했다.

6) 다른 선조들보다 장수했다.

야곱

1) 믿음과 바람직한 인품을 지닌 사람이 아니었다.

2) 도덕적이고 양심적인 사람이 아니었다.

3) 야곱의 삶은 도주로 가득하다.

4) 야곱의 삶은 속이고 속는 삶이었다.

5) 다른 선조들은 자식이 귀했으나 야곱은 자손 번성의 축복을 받아 열두 아들을 얻었다.

요셉

1) 이렇다 할 기적이나 초인적 사건이 없다

2) 하나님께서 그와 직접 말씀하시지 않는다.

3) 다른 선조들처럼 제단을 쌓지도 않는다.

4) 하나님의 역사는 대부분 간접적으로, 정황적으로 요셉의 삶에 영향을 미친다.

5) 요셉 스토리의 옷들의 행진

　아버지께 '존귀한 옷'을 받음(37:3)

　형제들이 '노예의 옷'을 입힘(37:23)

　보디발의 집에서 '집사의 옷'을 입음(39:4)

　안주인이 옷을 벗기고 '죄인의 옷'을 입게 됨(39:12)

　죄수의 옷을 벗고 '총리의 옷'을 입음(41:42)

Ⅲ. 말씀 창세기 25:19-34을 다함께 읽는다

25:19 아브라함의 아들 이삭의 족보는 이러하니라 아브라함이 이삭을 낳았고 20 이삭은 사십 세에 리브가를 맞이하여 아내를 삼았으니 리브가는 밧단 아람의 아람 족속 중 브두엘의 딸이요 아람 족속 중 라반의 누이였더라 21 이삭이 그의 아내가 임신하지 못하므로 그를 위하여 여호와께 간구하매 여호와께서 그의 간구를 들으셨으므로 그의 아내 리브가가 임신하였더니 22 그 아들들이 그의 태 속에서 서로 싸우는지라 그가 이르되 이럴 경우에는 내가 어찌할꼬 하고 가서 여호와께 묻자온대 23 여호와께서 그에게 이르시되 두 국민이 네 태중에 있구나 두 민족이 네 복중에서부터 나누이리라 이 족속이 저 족속보다 강하겠고 큰 자가 어린 자를 섬기리라 하셨더라 24 그 해산 기한이 찬즉 태에 쌍둥이가 있었는데 25 먼저 나온 자는 붉고 전신이 털옷 같아서 이름을 에서라 하였고 26 후에 나온 아우는 손으로 에서의 발꿈치를 잡았으므로 그 이름을 야곱이라 하였으며 리브가가 그들을 낳을 때에 이삭이 육십 세였더라 27 그 아이들이 장성하매 에서는 익숙한 사냥꾼이었으므로 들사람이 되고 야곱은 조용한 사람이었으므로 장막에 거주하니 28 이삭은 에서가 사냥한 고기를 좋아하므로 그를 사랑하고 리브

가는 야곱을 사랑하였더라 29 야곱이 죽을 쑤었더니 에서가 들에서 돌아와서 심히 피곤하여 30 야곱에게 이르되 내가 피곤하니 그 붉은 것을 내가 먹게 하라 한지라 그러므로 에서의 별명은 에돔이더라 31 야곱이 이르되 형의 장자의 명분을 오늘 내게 팔라 32 에서가 이르되 내가 죽게 되었으니 이 장자의 명분이 내게 무엇이 유익하리요 33 야곱이 이르되 오늘 내게 맹세하라 에서가 맹세하고 장자의 명분을 야곱에게 판지라 34 야곱이 떡과 팥죽을 에서에게 주매 에서가 먹으며 마시고 일어나 갔으니 에서가 장자의 명분을 가볍게 여김이었더라

 말씀 돋보기 - 관찰

1 이삭은 그의 아내가 임신하지 못하자 어떻게 했는가?(창 25:21)

이삭은 리브가를 위해 여호와께 기도했다.

 이삭이 아내를 위해 열심히 기도하니 하나님께서 그의 기도를 들으시고 결혼 생활 20년 만에 아이를 주셨다(창 25:26). 이삭이 기도했다고 하는데 여기서 '기도하다'는 자신을 위해 구하는 것이 아니라 남을 위한 중보기도를 드린다는 의미이다.

젊은 나이에도 불구하고 리브가는 시어머니 사라처럼 아이를 갖지 못했다. 훗날 리브가의 며느리 라헬과 레아 역시 임신이 되지 않아 괴로워했다. 하나님께서는 아브라함과 그의 후손들에게 많은 씨(후손)의 복을 약속하셨는데 정작 이들은 임신하지 못하고 있다. 이 약속은 인간의 생리적인 현상이 아니라 하나님께서 약속의 성취를 위해 일하고 계신다는 것을 보여 준다. 리브가의 불임은 걱정과 불만이 아닌 하나님의 주권적인 은혜를 맛볼 수 있는 기회가 되었다.

2 리브가가 태 속에서 서로 싸우는 아이들로 인해 여호와께 물을 때 하나님은 어떻게 대답하셨는가?(창 25:23)

a) 두 국민이 잉태되어 있다.

b) 두 민족으로 나누일 것이다.

c) 큰 자가 어린 자를 섬길 것이다.

첫째, 그녀의 뱃속에 두 나라, 두 백성이 잉태되어 있다. 그래서 요란했던 것이다. 자신의 배가 왜 편안하지 못했는지에 대한 수수께끼가 풀렸다.

둘째, 이 아이들을 통해 두 개의 족속이 탄생할 것이다. 이 두 족속은 힘과 재력에 있어서 동일하지 않을 것이며, 하나가 다른 족속보다 강하게 될 것이다.

셋째, 형이 동생을 섬길 것이다. 창세기는 모든 것이 하나님의 뜻에 따라 이루어진다는 것을 동생을 선택하시는 일을 통해 드러낸다.

3 태어난 두 아이의 이름, 에서와 야곱의 의미는 무엇인가?(창 25:25, 26)

에서: 붉고 전신이 털옷 같아서
....
야곱: 에서의 발꿈치를 잡았으므로
....

첫째 아이 에서는 온통 몸이 붉고 털옷 같아서 에서라고 이름하였다. 둘째 아이는 형의 발꿈치를 잡고 나왔기 때문에 붙여진 이름으로 야곱이다.

이스라엘을 포함한 고대근동의 문화에서 이름짓기는 매우 중요한 의미를 지니고 있다. 이름이 그 사람의 운명에 영향을 미친다고 생각했기 때문이다. 그러므로 이름은 미래에 대한 소망을 내포하거나 탄생을 둘러싼 사건을 상기시키는 역할을 했다.

두 아이는 이름을 받게 된 동기에 차이가 있다. 에서는 단순히 털이 많고 몸이 붉다는 신체적인 조건 때문에 이 이름을 받게 되었다. 야곱은 형의 발꿈치를 붙잡고 있었던 독특한 행동 때문에 이 이름으로 불리게 되었다.

4 장성한 에서와 야곱의 성향은 어떠했으며, 부모와의 관계는 어떠했는가?(창 25:27, 28)

에서: 사냥꾼으로 들사람이 됨, 이삭이 사랑함
....
야곱: 조용한 사람으로 장막에 거주함, 리브가가 사랑함
....

에서는 사냥을 잘하는 들사람이 되었고, 야곱은 집에 거주하는 조용한 사람이다. 이삭은 에서가 사냥한 고기를 좋아하므로 에서를 편애했고, 리브가는 야곱을 편애했다. 서로 다른 아이를 편애하는 것으로 보아 이삭과 리브가의 관계가 건강하지 않은 것으로 보인다. 부부 관계가 건강하지 못하면 자녀들 사이에도 갈등의 관계가 형성되어 건강하지 못한 가정이 된다.

5 29~34절에서 떡과 팥죽에 장자권을 판 에서를 어떻게 평가하고 있는가?(창 25:34)

장자의 명분을 가볍게 여겼다.

 본문은 배고픔으로 팥죽 한 그릇에 장자권을 판 에서를 장자의 명분을 가볍게 여긴다고 평가하고 있다. 에서는 당장의 어려움 때문에 그의 미래에 큰 영향을 미칠 장자권을 너무도 쉽게 포기했다. 야곱은 장자권을 통한 미래를 기대하며 형과 거래를 했다. 에서는 당장 앞에 놓인 필요만을 생각하는 안목을 가지고 있으며, 야곱은 멀리 내다보는 안목을 가졌다.

장자권은 원래 유산과만 연관이 있다. 유산을 분배할 때 아들들은 각기 한 몫을 갖게 되고, 장자만 두 몫을 갖게 된다. 그러나 창세기에서 장자권의 의미는 유산을 넘어 하나님이 아브라함에게 주신 큰 민족에 대한 약속의 성취와 관련되어 있다. 이미 저자는 에서는 하나님의 축복에 합당하지 않는, 자격이 없는 사람임을 강조한다.

V. 적용과 나눔

 삶의 내비게이션 - 적용

1 당신의 이름의 의미는 무엇이며, 누가 작명했는가? 또는 당신의 자녀의 이름은 어떤 기준으로 지었는가?

관찰문제 3번 참고. 에서와 야곱의 이름은 그들의 모습과 행동에서 지어진 이름이었다. 그렇다면 각자의 이름은 어떤 의미를 가지고 있는가 이야기를 나누어 본다. 그리고 그 이름을 누가 지어 주었는지 이야기 하도록 한다. 부모나 조부모가 지은 경우, 작명소에서, 목사님이 지은 경우 등 다양한 이야기가 나올 것이다.

또, 자기 자녀의 이름은 누가 지었는지, 어떤 기준으로, 어떤 의미로 지었는지에 대해서도 이야기하도록 한다. 자녀의 이름은 부모의 신앙고백이라는 사실을 염두에 두고, 앞으로 태어날 아이들에 대한 이름을 지어보는 것도 유익하다.

2 이삭과 리브가의 편애가 에서와 야곱 사이에서 갈등의 씨앗이 된다. 당신이 경험한 부모님의 편애 또는 자녀들 중에 더 편애하게 되는 경우는 어떤 것이 있는가?

관찰문제 4번 참고. 각자가 경험한 부모님의 편애는 어떤 것이 있는지 한 사람씩 말해 보도록 한다. 물론 부모의 입장에서는 편애가 아니겠지만 자녀의 입장에서는 편애로 느낄 수 있는 경우도 있을 것이다. 이런 다양한 이야기들을 나누도록 한다. 그리고 내가 그러한 상황에서 부모였다면 어떻게 했겠다 등의 이야기를 나누어 보는 것도 좋다.

또 만일 자녀를 편애한 경험이 있다면 어떤 경우였는지 이야기 나누어 보고, 어떻게 하면 편애를 안 할 것인가에 대해서도 피드백을 나누어 본다.

예) 음식을 똑같이 나눈다.

무엇이든 공개적으로 한다.

남녀차별을 두지 않는다.

서열에 따른 차별을 두지 않는다.

3 팥죽 한 그릇으로 에서는 근시안적 안목을 가진 사람으로, 야곱은 멀리 내다보는 안목을 가진 사람으로 평가되고 있다. 당신은 당장 보이는 작은 이익과 미래의 보이지 않는 큰 축복 중 어느 것을 더 소중히 여기는가?

관찰문제 5번 참고. 당장의 배고픔으로 에서는 팥죽 한 그릇에 장자권을 팔아 근시안적 안목을 가진 사람으로 평가되고 있다. 반면에 야곱이 팥죽 한 그릇에 산 장자권은 지금은 아무 이익이 없는 명분뿐인 듯하나 두 배의 재산을 가질 수 있는 권리였다.

무언가를 선택해야 할 때 당장의 이익이 중요한지 혹은 미래의 약속된 축복이 중요한지, 각자 무엇을 중요시 하는지에 대해 이야기를 나누어 보도록 한다. 혹은 현재의 편안함을 위해 장래의 축복을 소홀히 한 경우는 없었는지에 대해서도 말해 보도록 한다. 그리고 각자 멀리 보기 위해 필요한 것은 무엇인지도 이야기해 보도록 한다.

VI. 마무리

- 기도로 마무리한다.
- 제2주 관찰문제를 예습해 오도록 한다.
- 실천 과제를 제시한다.

생활의 아로마 - 실천

예1) 일주일 동안 하나님께 받은 복을 세어 보고 축복을 감당할 만한 생활을 한다.

2) 편애하지 않기, 어떤 사람이든 동등하게 대하도록 한다.

관습이냐? 약속이냐?

창세기 27:1-29

학습목표

1. 하나님의 약속을 따르는 사람인가, 혹은 세상의 관습을 따르는 사람인가를 점검할 수 있다.

KEYWORD 가치관, 속임수, 약속

I. 찬양과 기도

II. 지난주 실천 과제 나눔

III. 복습문제 풀이

 복습

1 지난 주 배운 내용에서 떡과 팥죽에 장자권을 판 에서를 어떻게 평가하고 있는가?(창 25:34)

배고픔으로 팥죽 한 그릇에 장자권을 판 에서를 장자의 명분을 가볍게 여긴다고 평가하고 있다.

27:1 이삭이 나이가 많아 눈이 어두워 잘 보지 못하더니 맏아들 에서를 불러 이르되 내 아들아 하매 그가 이르되 내가 여기 있나이다 하니 2 이삭이 이르되 내가 이제 늙어 어느 날 죽을는지 알지 못하니 3 그런즉 네 기구 곧 화살통과 활을 가지고 들에 가서 나를 위하여 사냥하여 4 내가 즐기는 별미를 만들어 내게로 가져와서 먹게 하여 내가 죽기 전에 내 마음껏 네게 축복하게 하라 5 이삭이 그의 아들 에서에게 말할 때에 리브가가 들었더니 에서가 사냥하여 오려고 들로 나가매 6 리브가가 그의 아들 야곱에게 말하여 이르되 네 아버지가 네 형 에서에게 말씀하시는 것을 내가 들으니 이르시기를 7 나를 위하여 사냥하여 가져다가 별미를 만들어 내가 먹게 하여 죽기 전에 여호와 앞에서 네게 축복하게 하라 하셨으니 8 그런즉 내 아들아 내 말을 따라 내가 네게 명하는 대로 9 염소 떼에 가서 거기서 좋은 염소 새끼 두 마리를 내게로 가져오면 내가 그것으로 네 아버지를 위하여 그가 즐기시는 별미를 만들리니 10 네가 그것을 네 아버지께 가져다 드려서 그가 죽기 전에 네게 축복하기 위하여 잡수시게 하라 11 야곱이 그 어머니 리브가에게 이르되 내 형 에서는 털이 많은 사람이요 나는 매끈매끈한 사람인즉 12 아버지께서 나를 만지실진대 내가 아버지의 눈에 속이는 자로 보일지라 복은 고사하고 저주를 받을까 하나이다 13 어머니가 그에게 이르되 내 아들아 너의 저주는 내게로 돌리리니 내 말만 따르고 가서 가져오라 14 그가 가서 끌어다가 어머니에게로 가져왔더니 그의 어머니가 그의 아버지가 즐기는 별미를 만들었더라 15 리브가가 집 안 자기에게 있는 그의 맏아들 에서의 좋은 의복을 가져다가 그의 작은 아들 야곱에게 입히고 16 또 염소 새끼의 가죽을 그의 손과 목의 매끈매끈한 곳에 입히고 17 자기가 만든 별미와 떡을 자기 아들 야곱의 손에 주니 18 야곱이 아버지에게 나아가서 내 아버지여 하고 부르니 이르되 내가 여기 있노라 내 아들아 네가 누구냐 19 야곱이 아버지에게 대답하되 나는 아버지의 맏아들 에서로소이다 아버지께서 내게 명하신 대로 내가 하였사오니 원하건대 일어나 앉아서 내가 사냥한 고기를 잡수시고 아버지 마음껏 내게 축복하소서 20 이삭이 그의 아들에게 이르되 내 아들아 네가 어떻게 이같이 속히 잡았느냐 그가 이르되 아버지의 하나님 여호와께서 나로 순조롭게 만나게 하셨음이니이다 21 이삭이 야곱에게 이르되 내 아들아 가까이 오라 네가 과연 내 아들 에서인지 아닌지 내가 너를 만져보려 하노라 22 야곱이 그 아버지 이삭에게 가까이 가니 이삭이 만지며 이르되 음성은 야곱의 음성이나 손은 에서의 손이로다 하며 23 그의 손이 형 에서의 손과 같이 털이 있으므로 분별하지 못하고 축복하였더라 24 이삭이 이르되 네가 참 내 아들 에서냐 그가 대답하되 그러하니이다 25 이삭이 이르되 내게로 가져오라 내 아들이 사냥한 고기를 먹고 내 마음껏 네게 축복하리라 야곱이 그에게로 가

저가매 그가 먹고 또 포도주를 가져가매 그가 마시고 ²⁶ 그의 아버지 이삭이 그에게 이르되 내 아들아 가까이 와서 내게 입맞추라 ²⁷ 그가 가까이 가서 그에게 입맞추니 아버지가 그의 옷의 향취를 맡고 그에게 축복하여 이르되 내 아들의 향취는 여호와께서 복 주신 밭의 향취로다 ²⁸ 하나님은 하늘의 이슬과 땅의 기름짐이며 풍성한 곡식과 포도주를 네게 주시기를 원하노라 ²⁹ 만민이 너를 섬기고 열국이 네게 굴복하리니 네가 형제들의 주가 되고 네 어머니의 아들들이 네게 굴복하며 너를 저주하는 자는 저주를 받고 너를 축복하는 자는 복을 받기를 원하노라

V. 관찰문제의 바른 답

 ## 말씀 돋보기 - 관찰

1 이삭이 맏아들 에서를 부른 이유는 무엇인가?(창 27:4)

큰아들 에서가 사냥한 짐승으로 맛있는 음식을 만들어 오면 그 음식을 먹고 축복해 주기 위해서

 이삭은 큰아들 에서가 사냥한 짐승으로 맛있는 음식을 만들어 오면 그 음식을 먹고 축복해 주기 위해서 에서를 불렀다. 이삭의 행동에는 두 가지 문제를 안고 있다. 첫째 그는 아직도 에서가 장자의 축복을 받아야 한다고 생각하고 있는 점이다. 둘째 구약에서 축복은 공개적으로 선포되는 것이 일상화 되어 있었다(창 49:1, 28; 50:24-25; 신 33:1). 그런데 이삭은 이런 정서와는 달리 큰아들 에서만 불러 비밀리에 그를 축복하려 했다. 또한 이삭이 별미를 만들게 하는 주목적은 축복을 위해서가 아니라 잔치를 위한 것이었다. 즉 에서가 팥죽 때문에 장자권을 넘겨주었던 것처럼, 이삭도 음식에 눈이 멀어 최고의 축복을 야곱에게 하게 된다.

2 축복에 대한 이삭과 리브가의 말은 차이가 있는데 그것은 무엇인가?(창 27:4, 7)

이삭: 내가 죽기 전에 내 마음껏 네게 축복하게 하라.

리브가: 여호와 앞에서 네게 축복하게 하라.

이삭은 단순히 "내가 죽기 전에 내 마음껏 네게 축복하게 하라"(4절)고 말한 반면 리브가는 "여호와 앞에서 네게 축복하게 하라"(7절)고 선언했다고 말을 바꾸고 있다. 리브가는 이 사건의 종교적 중요성을 의식하고 있는 것이다. 이는 믿음의 가치를 따르는 사람과 세상의 가치를 따르는 사람의 대조로 볼 수 있다.

- **장자권과 축복**

  장자권: 아버지의 재산에 대한 권리를 보장

  축복: 하나님께서 장자에게 주시는 번영과 지배권의 보장, 가문의 전통과 맥을 이어가는 일과 연관됨

	이삭	리브가
선호	에서	야곱
축복의 기준	풍습대로 장자가 받아야 함	태중 약속대로 야곱이 받아야 함
관심	잔치의 음식-에서와 흡사	축복권-야곱과 흡사
축복 선포 기준	"내 마음껏 네게 축복하게 하라"(27:4)	"여호와 앞에서 네게 축복하게 하라"(27:7)

3 리브가의 계획을 들은 야곱의 걱정은 무엇인가?(창 27:11, 12)

저주를 받을까 걱정

 야곱이 고민한 것은 이 음모가 지닌 윤리적 문제가 아닌 단지 발각될 것을 걱정했다. 이렇게 볼 때 야곱은 도덕적이고 양심적인 사람이 아니었다. 그가 유일하게 걱정하는 것은 일이 잘못되면 오히려 저주를 받을 수 있다는 사실이었다. 선조들이 살았던 가부장적인 사회에서는 아버지가 제사장 역할을 감당했다. 아버지는 제사장으로서 하나님의 권위로 집안의 모든 종교적인 일들을 집행해 나갔다. 그러므로 아버지의 축복은 곧 하나님의 축복이고, 그의 저주는 곧 하나님의 저주로 여겨졌다.

4 야곱이 아버지 이삭에게 받은 세 가지 축복은 무엇인가?(창 27:27-29)

a) 하늘의 이슬과 땅의 기름짐이며, 풍성한 곡식과 포도주를 주시기를 원하노라.

b) 만민이 너를 섬기고 열국이 네게 굴복하리라.

c) 너를 저주하는 자는 저주를 받고 너를 축복하는 자는 복을 받기를 원하노라.

야곱이 받은 축복은 세 가지의 주요 내용을 담고 있다.

첫째, 제 때 내리는 이슬과 기름진 땅을 빌어, 땅의 풍요로움을 축복해 주었다.

둘째, 정치와 군사적인 주권을 축복해 주었다. 창세기에서 축복이 선포될 때 는 풍요/번성과 주권이 함께 간다. 이 통치권의 범위는 야곱의 형제와 그의 자손들에게 제한되는 것이 아니라 온 세상을 포함하고 있다.

셋째, 하나님의 변함없는 보호와 인도하심이 부메랑 효과를 발휘하는 축복과 저주 선언으로 선포되었다.

그러나 자손과 영토에 대한 약속은 빠져 있다.

VI. 적용과 나눔

 ### 삶의 내비게이션 - 적용

1 야곱은 리브가의 계획의 윤리적 문제보다 자신에게 임할 저주를 걱 정한다. 당신은 어떤 계획이나 일의 윤리적 문제로 씨름한 경험이 있 는가?

관찰문제 3번 참고. 리브가의 계획의 윤리적 문제로 갈등하기보다는 자기 자신에게 임할 저주가 걱정인 야곱의 모습은 그의 성격을 잘 드러내고 있다.

각자 자신의 어떤 계획이나 행동의 윤리적 문제로 고민해본 경험을 이야기 나누어 보도록 한다.

예) 교통신호 위반, 거짓말, 소홀히 여기는 약속 등.

때로는 야곱과 같이 윤리적 문제를 소홀히 한 경우도 있을 것이다.

이 부분은 윤리적 문제에 대해 들통나는 것이 문제가 아니라 어떻게 생각하느냐의 고민이다.

2 이삭과 리브가는 부부였지만 각각 세상의 가치와 믿음의 가치를 따 르고 있다. 그리고 그것은 결국 자녀에 대한 편애로 이어졌다. 당신의 가정은 어떠한가? 당신의 가정이 믿음으로 하나될 수 있는 방법은 무 엇인가?

관찰문제 2번 참고. 부부가 같은 마음이면 좋겠지만 그렇지 못한 경우가 많다. 아무 리 천생연분이라고 해도 항상 같은 생각을 한다고 할 수는 없을 것이다. 자녀에 대한

제2주 | 창세기 27:1-29 __ 25

생각이 다르고, 신앙의 차원이 다를 수도 있다.

각자의 부부는 어떤 모습인지 서로 이야기 나누어 본다. 어떤 부분은 너무 잘 맞고, 어떤 부분은 화합하기가 어려운지 이야기해 보도록 한다. 그리고 화합이 안되고 하나가 되기가 어려운 부분이 하나가 되기 위해서 필요한 해결 방법은 무엇인지 말해 보도록 한다. 서로의 어려운 부분에 대해 피드백을 나누는 것도 좋다.

자신과 배우자를 제삼자의 입장에 놓고 바라보는 것도 필요하다. 배우자가 없는 경우는 부모님의 경우를 예를 들거나 가족간의 하나되지 못하는 모습을 통해서, 하나 될 수 있는 방법을 모색하는 것도 좋다.

3 당신의 자녀가 당신의 모습에서 본받지 않았으면 하는 부분이 있다면 무엇인가?

관찰문제 1번 참고. 에서의 옷으로 이삭을 속인 야곱은 먼 훗날 요셉의 옷으로 인해 아들들에게 속게 된다. 아버지를 속인 모습 그대로 아들들에게 속게 되는 것이다. 이와 같이 야곱은 자신의 아들들이 자신과 같은 죄를 범하리라고는 생각하지 못했을 것이다. 그러나 부전자전이라고, 아버지의 잘못을 아들이 그대로 답습하고 있다.

우리의 모습에도 이것만은 자녀들이 본받지 않았으면 하는 부분이 있을 것이다. 그 부분에 대해 이야기를 나누어 보도록 한다. 미혼인 경우 부모에게서 이것만은 닮고 싶지 않았는데 나도 그렇게 행동하고 있는 부분이 있다면 무엇인지 이야기해 보도록 한다.

VII. 마무리

- 기도로 마무리한다.
- 제3주 관찰문제를 예습해 오도록 한다.
- 실천 과제를 제시한다.

 생활의 아로마 - 실천

예1) 고쳐야 할 것, 자녀에게 보이지 말아야 할 것을 일주일 동안 절제하고 의도적으로 하지 않도록 한다.

2) 가정이 하나되기 위해서 실천할 수 있는 일 한 가지를 기록하고 실천하도록 한다.

뛰는 야곱 위에 나는 라반

창세기 29:1-30

1. 심은 대로 거두는 원리를 깨닫고 좋은 것을 심을 수 있다.
2. 사랑의 힘으로 긴 시간도 즐겁고, 짧은 것처럼 보낼 수 있다.

KEYWORD 속임수, 착취, 사랑

Ⅰ. 찬양과 기도

Ⅱ. 지난주 실천 과제 나눔

Ⅲ. 복습문제 풀이

 복습

1 축복에 대한 이삭과 리브가의 말은 차이가 있는데 그것은 무엇인가?(창 27:4, 7)

이삭: 내가 죽기 전에 내 마음껏 네게 축복하게 하라.

리브가: 여호와 앞에서 네게 축복하게 하라.

29:1 야곱이 길을 떠나 동방 사람의 땅에 이르러 2 본즉 들에 우물이 있고 그 곁에 양 세 떼가 누워 있으니 이는 목자들이 그 우물에서 양 떼에게 물을 먹임이라 큰 돌로 우 물 아귀를 덮었다가 3 모든 떼가 모이면 그들이 우물 아귀에서 돌을 옮기고 그 양 떼 에게 물을 먹이고 우물 아귀 그 자리에 다시 그 돌을 덮더라 4 야곱이 그들에게 이 르되 내 형제여 어디서 왔느냐 그들이 이르되 하란에서 왔노라 5 야곱이 그들에게 이 르되 너희가 나홀의 손자 라반을 아느냐 그들이 이르되 아노라 6 야곱이 그들에게 이 르되 그가 평안하냐 이르되 평안하니라 그의 딸 라헬이 지금 양을 몰고 오느니라 7 야 곱이 이르되 해가 아직 높은즉 가축 모일 때가 아니니 양에게 물을 먹이고 가서 풀을 뜯게 하라 8 그들이 이르되 우리가 그리하지 못하겠노라 떼가 다 모이고 목자들이 우 물 아귀에서 돌을 옮겨야 우리가 양에게 물을 먹이느니라 9 야곱이 그들과 말하는 동 안에 라헬이 그의 아버지의 양과 함께 오니 그가 그의 양들을 치고 있었기 때문이더 라 10 야곱이 그의 외삼촌 라반의 딸 라헬과 그의 외삼촌의 양을 보고 나아가 우물 아 귀에서 돌을 옮기고 외삼촌 라반의 양 떼에게 물을 먹이고 11 그가 라헬에게 입맞추고 소리 내어 울며 12 그에게 자기가 그의 아버지의 생질이요 리브가의 아들 됨을 말하였 더니 라헬이 달려가서 그 아버지에게 알리매 13 라반이 그의 생질 야곱의 소식을 듣 고 달려와서 그를 영접하여 안고 입맞추며 자기 집으로 인도하여 들이니 야곱이 자기 의 모든 일을 라반에게 말하매 14 라반이 이르되 너는 참으로 내 혈육이로다 하였더라 야곱이 한 달을 그와 함께 거주하더니 15 라반이 야곱에게 이르되 네가 비록 내 생질 이나 어찌 그저 내 일을 하겠느냐 네 품삯을 어떻게 할지 내게 말하라 16 라반에게 두 딸이 있으니 언니의 이름은 레아요 아우의 이름은 라헬이라 17 레아는 시력이 약하고 라헬은 곱고 아리따우니 18 야곱이 라헬을 더 사랑하므로 대답하되 내가 외삼촌의 작 은 딸 라헬을 위하여 외삼촌에게 칠 년을 섬기리이다 19 라반이 이르되 그를 네게 주 는 것이 타인에게 주는 것보다 나으니 나와 함께 있으라 20 야곱이 라헬을 위하여 칠 년 동안 라반을 섬겼으나 그를 사랑하는 까닭에 칠 년을 며칠같이 여겼더라 21 야곱이 라반에게 이르되 내 기한이 찼으니 내 아내를 내게 주소서 내가 그에게 들어가겠나이 다 22 라반이 그 곳 사람을 다 모아 잔치하고 23 저녁에 그의 딸 레아를 야곱에게로 데 려가매 야곱이 그에게로 들어가니라 24 라반이 또 그의 여종 실바를 그의 딸 레아에게 시녀로 주었더라 25 야곱이 아침에 보니 레아라 라반에게 이르되 외삼촌이 어찌하여 내게 이같이 행하셨나이까 내가 라헬을 위하여 외삼촌을 섬기지 아니하였나이까 외삼 촌이 나를 속이심은 어찌됨이니이까 26 라반이 이르되 언니보다 아우를 먼저 주는 것 은 우리 지방에서 하지 아니하는 바이라 27 이를 위하여 칠 일을 채우라 우리가 그도

네게 주리니 네가 또 나를 칠 년 동안 섬길지니라 ²⁸ 야곱이 그대로 하여 그 칠 일을 채우매 라반이 딸 라헬도 그에게 아내로 주고 ²⁹ 라반이 또 그의 여종 빌하를 그의 딸 라헬에게 주어 시녀가 되게 하매 ³⁰ 야곱이 또한 라헬에게로 들어갔고 그가 레아보다 라헬을 더 사랑하여 다시 칠 년 동안 라반을 섬겼더라

V. 관찰문제의 바른 답

 말씀 돋보기 - 관찰

1 야곱이 길을 떠나 동방 사람의 땅의 한 우물에 도착하여 만난 사람은 누구이며, 어떻게 행하였는가?(창 29:6, 10)

라헬, 라헬을 위해 돌을 옮겼다.

 야곱은 우물에서 라헬을 만났으며, 라헬을 위해 우물의 돌을 옮겨 라헬이 돌 보는 양들에게 물을 먹였다. 당시의 우물은 보통 넓적한 바위로 덮여 있었는 데 두세 사람이 힘을 합쳐야 굴릴 수 있는 바위였다. 우물을 무거운 바위로 덮는 것은 불순물이나 독약으로부터 수질을 보호하고, 일부 사람들이 물을 독점하는 것을 막기 위한 사회적 장치였다.

야곱이 보통 장정 두세 명이 굴릴 수 있는 바위를 치우고 라헬의 양들에게 물을 먹인 것은 초인적인 힘을 발휘한 것이다. 이 부분은 전통적으로 유태인들이 야곱이 거인이었다고 생각하는 근거가 된다.

2 아브라함의 종이 리브가를 만났던 것처럼(창 24:26) 야곱도 우물에서 라헬을 만나는데 그들의 반응은 각각 다르다. 어떻게 다른가?(창 29:11)

아브라함의 종: 하나님께 감사와 찬양을 드렸다.

야곱: 라헬에게 입맞추고 목놓아 울며 자신의 정체를 밝혔다.

 야곱은 라헬에게 입맞추고 목놓아 울며 자신의 정체를 밝혔다. 입맞춤은 친 척들 사이의 인사 풍습이었다. 그러나 야곱은 자신의 정체를 밝히기 전에 먼저 라헬에게 입맞춤을 하고 있다. 창세기 24장에서 아브라함의 종은 먼저 하나님께 감사와 찬양을 드렸는데 야곱은 그렇게 하고 있지 않다.

어머니 리브가가 아브라함 종의 낙타들에게 물을 먹이듯이 모전자전으로 야곱도 라헬의 양들에게 물을 먹인다.

3 야곱이 라반의 집에서 거주한 지 한 달이 되었을 때 외삼촌 라반의 제안은 무엇이며, 야곱은 어떻게 대답하였는가?(창 29:15, 17)

라반: 품삯을 정하자.

야곱: 라헬을 위해 7년을 섬기겠다.

라반은 야곱에게 공짜로 무한정 일을 시킬 수는 없으니 봉급을 정하자고 했다. 이에 라헬을 사모하고 있던 야곱은 라헬을 아내로 맞이하는 대가로 라반을 위해 7년 동안 일하겠다고 제안한다. 당시 관습에 의하면 가족 사이에는 결코 노동에 대한 대가를 받지 않았는데 라반은 야곱에서 삯을 주겠다고 제안하고 있다. 그는 야곱과의 관계를 '외삼촌-조카'의 관계에서 '고용주-고용인'의 경제적인 관계로 강등시키고 있다. 그리고 앞으로 착취하는 고용주와 힘없이 당하는 고용인의 관계가 20년 동안 지속된다. 야곱이 7년간 일한 것은 70세겔을 지불하는 것과 마찬가지이며, 이것은 라반에게 착취 수준의 대우를 받고 있는 것이다.

• **신부의 지참금**

은 30-40세겔: 은 10세겔은 노동자의 1년 봉급

1) 신탁 자금 - 혹시 여자의 남편이 죽거나 남편에게 버림받게 되었을 때 여인의 생계비

2) 집안의 다른 형제의 결혼 자금

4 라헬을 사랑하여 7년을 며칠같이 일한 야곱이 첫날밤을 함께 한 신부는 누구인가?(창 29:23, 25)

레아

야곱과 첫날밤을 보낸 사람은 라헬이 아니라 레아였다. 잔치로 취한 야곱과 신혼방의 어두움 그리고 신부 레아의 베일 등을 이용해 야곱을 속인 라반의 속임수였다. 지난날 야곱이 아버지 이삭의 눈이 침침한 것을 이용해 아버지를 속였던 것과 유사하다.

5 야곱이 외삼촌 라반이 속인 것에 대해 물을 때 라반의 변명은 무엇인가?(창 29:26)

언니보다 아우를 먼저 주는 것은 우리 지방에서는 하지 않는 일이다.

 라반은 언니가 결혼하기 전에 동생을 보낼 수 없다는 지역의 풍습을 핑계로 야곱에게 다시 7년을 일할 것을 요구했다. 라반은 딸의 몸값을 배로 받는 일에 재미를 붙여 다시 한 번 착취하게 된다. 이 사건은 야곱이 아버지 이삭에게 '동생'을 '형'이라고 속인 것과 비교할 수 있다. 즉, 라반의 '큰 아이를 두고 동생을 먼저 주지 않는다'는 말은 야곱이 형의 축복을 가로 챈 사건과 연관성이 있어 보인다.

〈야곱과 라반의 공통점〉

	야곱	라반
속임의 대상	야곱이 이삭을 속임	라반이 야곱을 속임
약점의 이용	이삭 눈의 침침함을 이용	야곱의 취기와 레아의 베일을 이용
속임의 내용	동생을 형이라고 속임	언니를 동생이라고 속임
속임의 결과	장자의 축복을 가로챔	총 14년의 노동력을 착취함

VI. 적용과 나눔

 삶의 내비게이션 - 적용

1 야곱은 라헬을 사랑하므로 7년을 며칠같이 여겼다. 당신에게도 이처럼 긴 시간을 며칠같이 보낸 경험이 있는가?

관찰문제 3번 참고. 야곱의 7년의 봉사는 당시에 신부의 몸값으로 보통 은 30–40세겔을 지불했던 것에 비하면 다른 사람들의 배를 더 낸 것이었다. 그러나 야곱은 라헬을 사랑하므로 7년을 며칠같이 여겼다.

어려운 일인데도 사랑하는 사람을 위해 또는 내가 기뻐서 쉽고 수월하게 해냈던 일들이 있으면 이야기해 보도록 한다. 그리고 그때는 무슨 힘이 나서 그렇게 일할 수 있었는지도 말해 본다. 긍정과 사랑이 사람에게 어떤 영향을 미치는지 서로 이야기 나누어 보도록 한다.

2 라반과 야곱 사이에 반복되는 속이고 속는 상황에는 심은 대로 거두는 원리가 나타나고 있다. 야곱은 아버지 이삭의 어두운 눈을 속였고, 라반은 어두운 신혼방을 이용해 야곱을 속였다. 당신이 경험한 심은 대로 거두는 원리대로 이루어진 일에는 어떤 것이 있는가?

관찰문제 4번 참고. 심은 대로 거두는 원리에는 긍정적인 부분도 있고, 부정적인 부분도 있다. 야곱의 경우는 자신이 아버지를 속인 것과 같은 방식으로 자신이 속는 것은 부정적인 측면에 속한다.

각자가 경험한 심은 대로 거두는 원리에 대해 이야기를 나누어 보도록 한다. 긍정적인 측면에서 선을 심어서 선을 거두는 경우, 또는 부정적인 측면으로 복수가 복수를 부르는 경우도 있을 것이다. 다양한 이야기를 나누어 보도록 한다.

3 라헬을 위해 7년을 일하겠다는 야곱의 제안을 수용한 라반은 친척에게 해서는 안되는 착취를 행하고 있다. 당신이 알고 있는 일 중에 합법적으로 하는 것같지만 하나님 보시기에는 착취와 같은 것에는 무엇이 있는가?

관찰문제 3번 참고. 라반이 야곱의 제안을 받아들인 것처럼 보이지만 이것은 야곱을 착취하는 행위였다. 합법적인 일이라고 해서 모든 것이 하나님께서 허락하시는 것은 아니다. 교회에서 혹은 직장 생활 중에서 합법적으로 보이지만 하나님 보시기에는 착취와 같은 것에는 무엇이 있는지 이야기를 나누어 보도록 한다.

예) 외국인 노동자, 남녀의 차별, 직원 착취, 노동 착취, 임금 착취, 미성년자 착취

VII. 마무리

- 기도로 마무리한다.
- 제4주 관찰문제를 예습해 오도록 한다.
- 실천 과제를 제시한다.

 생활의 아로마 - 실천

예1) 지옥같은 시간을 수월하게 보내는 방법을 찾아 실천하도록 한다.

　2) 일주일 동안 좋은 일 한 가지를 심도록 한다.

점박이의 비밀

창세기 30:25-43

학습목표

1. 하나님의 사람은 어떤 방해에도 하나님의 변수를 통해 축복을 누릴 수 있다.

KEYWORD 축복, 변수

I. 찬양과 기도

II. 지난주 실천 과제 나눔

III. 복습문제 풀이

 복습

1 야곱이 라반의 집에서 거주한 지 한 달이 되었을 때 외삼촌 라반의 제안은 무엇이며, 야곱은 어떻게 대답하였는가?(창 29:15, 17)

라반: 품삯을 정하자.

야곱: 라헬을 위해 7년을 섬기겠다.

30:25 라헬이 요셉을 낳았을 때에 야곱이 라반에게 이르되 나를 보내어 내 고향 나의 땅으로 가게 하시되 26 내가 외삼촌에게서 일하고 얻은 처자를 내게 주시어 나로 가게 하소서 내가 외삼촌에게 한 일은 외삼촌이 아시나이다 27 라반이 그에게 이르되 여호와께서 너로 말미암아 내게 복 주신 줄을 내가 깨달았노니 네가 나를 사랑스럽게 여기거든 그대로 있으라 28 또 이르되 네 품삯을 정하라 내가 그것을 주리라 29 야곱이 그에게 이르되 내가 어떻게 외삼촌을 섬겼는지, 어떻게 외삼촌의 가축을 쳤는지 외삼촌이 아시나이다 30 내가 오기 전에는 외삼촌의 소유가 적더니 번성하여 떼를 이루었으니 내 발이 이르는 곳마다 여호와께서 외삼촌에게 복을 주셨나이다 그러나 나는 언제나 내 집을 세우리이까 31 라반이 이르되 내가 무엇으로 네게 주랴 야곱이 이르되 외삼촌께서 내게 아무것도 주시지 않아도 나를 위하여 이 일을 행하시면 내가 다시 외삼촌의 양 떼를 먹이고 지키리이다 32 오늘 내가 외삼촌의 양 떼에 두루 다니며 그 양 중에 아롱진 것과 점 있는 것과 검은 것을 가려내며 또 염소 중에 점 있는 것과 아롱진 것을 가려내리니 이같은 것이 내 품삯이 되리이다 33 후일에 외삼촌께서 오셔서 내 품삯을 조사하실 때에 나의 의가 내 대답이 되리이다 내게 혹시 염소 중 아롱지지 아니한 것이나 점이 없는 것이나 양 중에 검지 아니한 것이 있거든 다 도둑질한 것으로 인정하소서 34 라반이 이르되 내가 네 말대로 하리라 하고 35 그 날에 그가 숫염소 중 얼룩무늬 있는 것과 점 있는 것을 가리고 암염소 중 흰 바탕에 아롱진 것과 점 있는 것을 가리고 양 중의 검은 것들을 가려 자기 아들들의 손에 맡기고 36 자기와 야곱의 사이를 사흘 길이 뜨게 하였고 야곱은 라반의 남은 양 떼를 치니라 37 야곱이 버드나무와 살구나무와 신풍나무의 푸른 가지를 가져다가 그것들의 껍질을 벗겨 흰 무늬를 내고 38 그 껍질 벗긴 가지를 양 떼가 와서 먹는 개천의 물 구유에 세워 양 떼를 향하게 하매 그 떼가 물을 먹으러 올 때에 새끼를 배니 39 가지 앞에서 새끼를 배므로 얼룩얼룩한 것과 점이 있고 아롱진 것을 낳은지라 40 야곱이 새끼 양을 구분하고 그 얼룩무늬와 검은 빛 있는 것을 라반의 양과 서로 마주보게 하며 자기 양을 따로 두어 라반의 양과 섞이지 않게 하며 41 튼튼한 양이 새끼 밸 때에는 야곱이 개천에다가 양 떼의 눈 앞에 그 가지를 두어 양이 그 가지 곁에서 새끼를 배게 하고 42 약한 양이면 그 가지를 두지 아니하니 그렇게 함으로 약한 것은 라반의 것이 되고 튼튼한 것은 야곱의 것이 된지라 43 이에 그 사람이 매우 번창하여 양 떼와 노비와 낙타와 나귀가 많았더라

건너 뛴 창세기 29:31-30:24 요약

〈야곱의 자녀들〉

어머니	이름	이름의 의미	성구
레아	르우벤	아들을 보라	29:32
	시므온	들으시다	29:33
	레위	부착/합체	29:34
	유다	찬양	29:35
빌하	단	심판	30:6
	납달리	씨름하다	30:8
실바	갓	행운	30:11
	아셀	행복	30:13
레아	잇사갈	상금/보상	30:18
	스블론	존귀함	30:20
	디나	심판	30:21
라헬	요셉	그가 더하시리	30:24
	베냐민	오른팔의 아들	35:18

V. 관찰문제의 바른 답

 말씀 돋보기 - 관찰

1 요셉이 태어날 즈음 야곱이 라반에게 요청한 것은 무엇인가?(창 30:25, 26)

내 아내들과 자식들을 내게 주어 고향에 가게 하소서.

....

 야곱은 라반의 두 딸을 위해 14년을 동안 종살이를 했다. 그런데도 야곱은 라반에게 '내 아내들과 내 자식들을 주소서'라고 부탁한다. 야곱은 분명 법적으로 이들의 남편이고 아버지였지만 현실적으로는 라반이 아직도 이들을 소유하고 있음을 시사한다.

2 자신의 집에 계속 머물기를 원하는 라반에게 요구한 야곱의 품삯은 무엇인가?(창 30:32)

양 중에 아롱진 것과 점 있는 것과 검은 것, 염소 중에 점 있는 것과 아롱진 것

 야곱은 라반의 짐승 중 '몸에 줄이나 점이 있는 가축들'을 품삯으로 달라고
했다. 혹시 하얀 짐승이 야곱의 짐승 중에 끼어 있으면 훔친 것으로 간주해도
좋다는 말도 덧붙였다.
그 당시 목자들이 품삯으로 적게는 새로 태어난 짐승들의 10%를 많게는
20%를 받았던 것을 감안하면 야곱의 요구는 매우 미미한 것이었다. 게다가
근동 지역의 양들은 대체로 하얗고, 염소들은 까맣거나 갈색이었으니 라반은
이 흥정에 대해 속으로 즐거운 비명을 지르며 흔쾌히 허락했을 것이다.

3 계약이 체결되자 라반이 행한 것은 무엇인가?(창 30:35)
라반은 점이나 줄이 있는 짐승들을 모두 골라내어 그의 아들들에게 주었다.

 라반은 두루 돌아 다니며 점이나 줄이 있는 짐승들을 모두 골라내어 그의 아
들들에게 주었다. 라반은 야곱과 신실하게 협상을 한 것 같았으나 계약이 체
결되자마자 비열하게 횡포를 부리고 있다. 점박이 부모 가축이 있어야 점박
이 가축들이 태어날 텐데 눈에 보이는 점박이들의 씨를 말려 버린 것이다. 그
것도 야곱이 점박이 짐승들을 훔쳐갈 것을 방지하기 위해 3일의 간격을 두
었다. 라반은 인간적인 가능성을 모두 차단했지만 하나님의 변수에 대해서는
생각하지 못했다.

4 라반의 방해에도 야곱의 재산은 어떻게 되었는가?(창 30:43)
매우 번창하여 양 떼와 노비와 낙타와 나귀가 많았다.

 라반의 수고에도 불구하고 야곱은 매우 번창하여 양 떼와 노비와 낙타와 나
귀가 많아졌다. 모두 여호와께서 야곱과 함께 하셨기 때문에 그가 어떤 방법
을 써서 부를 쌓으려 해도 그대로 되었을 것이다. 6년 동안 그는 보통 사람들
이 20년 동안 수고해도 얻을 수 없을 만큼 많은 부를 얻게 되었다.
 • **점박이 동물들의 비밀**
  과학적인 근거 없음
  특별한 마술(요술) 없음
  그 일을 묘사하는 히브리어 텍스트도 상당히 불확실성을 포함
  오직 하나님께서 그를 축복하셨기 때문에 가능한 일

삶의 내비게이션 - 적용

1 라반은 야곱으로 인해 여호와께서 복을 주셔서 풍요로움을 누릴 수 있었고, 라반의 방해에도 여호와께서 복을 주셔서 야곱은 부를 얻을 수 있었다. 당신이 경험한 하나님께서 함께 하시는 축복은 무엇인가?

관찰문제 4번 참고. 라반이 인간적인 생각으로 모든 변수를 제거했으나 하나님의 변수는 생각하지 못했다. 하나님의 변수는 인간의 힘으로는 이루어지기 어려운 일을 쉽게 해결한다. 라반은 어떤 경우에도 하나님을 이길 수 없었다.

각자의 삶에서 하나님께서 함께 하시므로 누리는 축복은 어떤 것이 있었는지 이야기를 나누어 보도록 한다. 야곱과 같은 재물의 축복이 아니더라도 마음의 평안이나 가정의 화목, 자녀들이 하나님 앞에서 잘 자란 것 등을 예로 들 수 있다.

2 무슨 일이 잘되면 내 덕이고 안되면 하나님을 탓하거나 조상을 탓하기가 쉽다. 크리스천은 잘되어도 하나님 때문에, 안되어도 하나님이 계시니까라는 고백이 필요하다. 당신이 현재 경험하고 있는 연단은 어떤 것이 있는가?

관찰문제 1번 참고. 야곱이 14년 동안 일한 노동의 대가는 아내와 자녀뿐이었다. 고향으로 돌아가야 하는데 그에게는 가진 것이 없었고 빈손으로 돌아갈 수는 없었다. 그러나 이후 6년 동안 일하여 얻은 부는 지난 14년의 수고를 보상하고 남을 만한 하나님의 축복이었다. 어떤 일을 만나고, 경험할 때 크리스천이라고 모두 행운만 따르는 것은 아니다. 비가 모든 사람에게 동일하게 내리듯 크리스천도 고난을 당할 수 있고, 크리스천이 아닌 사람들도 부를 누릴 수 있다. 또한 일이 잘 되면 내가 잘한 것이고, 일이 안 풀리면 하나님께서 무능하시기 때문이라고 생각하는 경우도 있다. 그러나 야곱의 경우처럼 6년의 수고는 다른 사람의 20년의 수고를 능가한다는 사실을 깨닫고, 잘되어도 안되어도 하나님께서 함께 하심을 고백할 수 있어야 할 것이다.

인도자는 각자가 현재 겪고 있는 어려움은 무엇인지 이야기를 나누어 보도록 한다. 야곱과 같이 착취로 인해 안 풀릴 수도 있고, 신앙생활을 잘하는데도, 기도를 많이 하는데도 생활에 어려움이 있을 수 있다. 인도자는 서로의 어려움, 연단에 대해 나는 이렇게 극복했다고 서로 피드백을 나눌 수 있도록 돕는다.

3 야곱은 결코 경건하고 순수한 방법으로 재물을 모으지 않았다. 그럼에도 하나님의 축복을 받은 이유는 그의 행동 때문이 아니라 그의 조상 아브라함과의 약속 때문이다. 교활한 야곱과도 약속을 지키시는 하나님이시다. 아브라함의 신실함이 야곱에게 영향을 주고 있다. 당신은 자손을 위해 무엇을 투자하고 있는가?

관찰문제 4번 참고. 야곱이 부를 축척하게 된 것은 하나님께서 야곱의 교활한 행동에 동조하신 것이 아니라 야곱과 같은 형편 없는 사람도 축복하시는 분이시기 때문이다. 또한 형편없는 그를 축복하시는 하나님은 그의 조상 아브라함과의 약속을 지키시는 신실하신 하나님이시다. 우리가 자손들을 위해 할 수 있는 최고의 투자는 하나님 앞에 신실하게 사는 것이다. 각자 자손을 위해 무엇을 투자하고 있는가 이야기를 나누어 보도록 한다.

예) 학원, 재능, 저축을 통한 돈, 기도 등.

자녀들의 재능을 위해 투자할 수도 있고, 진로를 위해 다양한 학원에 투자하고 있을 수도 있다. 그러나 정작 중요한 것은 자녀의 신앙교육일 것이다. 그리고 부모가 하나님 앞에 얼마나 신실하게 살고 있는가에 따라 아브라함과 야곱처럼 자녀들에게 영향을 미칠 수 있을 것이다.

무엇을 위해 투자하고 있는지, 그 투자가 바른 것인지 서로 말해 보도록 한다. 그리고 바른 투자를 위해 피드백을 나누는 것도 좋다.

VII. 마무리

- 기도로 마무리한다.
- 제5주 관찰문제를 예습해 오도록 한다.
- 실천 과제를 제시한다.

 생활의 아로마 - 실천

예1) 자손을 위해 투자할 것을 한가지 기록하고 실천하도록 한다.

　2) 일주일 동안 하나님께서 함께 하시는 축복에 대해 감사하도록 한다.

천하장사 야곱

창세기 32:1-32

학습목표

1. 하나님의 축복을 받을 수 있는 사람은 겸손하고 낮은 모습으로 변화되어야 한다는 것을 알 수 있다.
2. 야곱과 같은 사람도 하나님께 기도함으로 변화될 수 있다는 사실을 알 수 있다.

KEYWORD 만남, 씨름, 변화

Ⅰ. 찬양과 기도

Ⅱ. 지난주 실천 과제 나눔

Ⅲ. 복습문제 풀이

 복습

1 자신의 집에 계속 머물기를 원하는 라반에게 요구한 야곱의 품삯은 무엇인가?(창 30:32)

양 중에 아롱진 것과 점 있는 것과 검은 것, 염소 중에 점 있는 것과 아롱진 것

32:1 야곱이 길을 가는데 하나님의 사자들이 그를 만난지라 2 야곱이 그들을 볼 때에 이르기를 이는 하나님의 군대라 하고 그 땅 이름을 마하나임이라 하였더라 3 야곱이 세일 땅 에돔 들에 있는 형 에서에게로 자기보다 앞서 사자들을 보내며 4 그들에게 명령하여 이르되 너희는 내 주 에서에게 이같이 말하라 주의 종 야곱이 이같이 말하기를 내가 라반과 함께 거류하며 지금까지 머물러 있었사오며 5 내게 소와 나귀와 양 떼와 노비가 있으므로 사람을 보내어 내 주께 알리고 내 주께 은혜 받기를 원하나이다 하라 하였더니 6 사자들이 야곱에게 돌아와 이르되 우리가 주인의 형 에서에게 이른즉 그가 사백 명을 거느리고 주인을 만나려고 오더이다 7 야곱이 심히 두렵고 답답하여 자기와 함께 한 동행자와 양과 소와 낙타를 두 떼로 나누고 8 이르되 에서가 와서 한 떼를 치면 남은 한 떼는 피하리라 하고 9 야곱이 또 이르되 내 조부 아브라함의 하나님, 내 아버지 이삭의 하나님 여호와여 주께서 전에 내게 명하시기를 네 고향, 네 족속에게로 돌아가라 내가 네게 은혜를 베풀리라 하셨나이다 10 나는 주께서 주의 종에게 베푸신 모든 은총과 모든 진실하심을 조금도 감당할 수 없사오나 내가 내 지팡이만 가지고 이 요단을 건넜더니 지금은 두 떼나 이루었나이다 11 내가 주께 간구하오니 내 형의 손에서, 에서의 손에서 나를 건져내시옵소서 내가 그를 두려워함은 그가 와서 나와 내 처자들을 칠까 겁이 나기 때문이니이다 12 주께서 말씀하시기를 내가 반드시 네게 은혜를 베풀어 네 씨로 바다의 셀 수 없는 모래와 같이 많게 하리라 하셨나이다 13 야곱이 거기서 밤을 지내고 그 소유 중에서 형 에서를 위하여 예물을 택하니 14 암염소가 이백이요 숫염소가 이십이요 암양이 이백이요 숫양이 이십이요 15 젖 나는 낙타 삼십과 그 새끼요 암소가 사십이요 황소가 열이요 암나귀가 이십이요 그 새끼 나귀가 열이라 16 그것을 각각 떼로 나누어 종들의 손에 맡기고 그의 종에게 이르되 나보다 앞서 건너가서 각 떼로 거리를 두게 하라 하고 17 그가 또 앞선 자에게 명령하여 이르되 내 형 에서가 너를 만나 묻기를 네가 누구의 사람이며 어디로 가느냐 네 앞의 것은 누구의 것이냐 하거든 18 대답하기를 주의 종 야곱의 것이요 자기 주 에서에게로 보내는 예물이오며 야곱도 우리 뒤에 있나이다 하라 하고 19 그 둘째와 셋째와 각 떼를 따라가는 자에게 명령하여 이르되 너희도 에서를 만나거든 곧 이같이 그에게 말하고 20 또 너희는 말하기를 주의 종 야곱이 우리 뒤에 있다 하라 하니 이는 야곱이 말하기를 내가 내 앞에 보내는 예물로 형의 감정을 푼 후에 대면하면 형이 혹시 나를 받아 주리라 함이었더라 21 그 예물은 그에 앞서 보내고 그는 무리 가운데서 밤을 지내다가 22 밤에 일어나 두 아내와 두 여종과 열한 아들을 인도하여 얍복 나루를 건널새 23 그들을 인도하여 시내를 건너가게 하며 그의 소유도 건너가게 하고 24 야곱은 홀로 남았더

니 어떤 사람이 날이 새도록 야곱과 씨름하다가 ²⁵ 자기가 야곱을 이기지 못함을 보고 그가 야곱의 허벅지 관절을 치매 야곱의 허벅지 관절이 그 사람과 씨름할 때에 어긋났더라 ²⁶ 그가 이르되 날이 새려니 나로 가게 하라 야곱이 이르되 당신이 내게 축복하지 아니하면 가게 하지 아니하겠나이다 ²⁷ 그 사람이 그에게 이르되 네 이름이 무엇이냐 그가 이르되 야곱이니이다 ²⁸ 그가 이르되 네 이름을 다시는 야곱이라 부를 것이 아니요 이스라엘이라 부를 것이니 이는 네가 하나님과 및 사람들과 겨루어 이겼음이니라 ²⁹ 야곱이 청하여 이르되 당신의 이름을 알려주소서 그 사람이 이르되 어찌하여 내 이름을 묻느냐 하고 거기서 야곱에게 축복한지라 ³⁰ 그러므로 야곱이 그 곳 이름을 브니엘이라 하였으니 그가 이르기를 내가 하나님과 대면하여 보았으나 내 생명이 보전되었다 함이더라 ³¹ 그가 브니엘을 지날 때에 해가 돋았고 그의 허벅다리로 말미암아 절었더라 ³² 그 사람이 야곱의 허벅지 관절에 있는 둔부의 힘줄을 쳤으므로 이스라엘 사람들이 지금까지 허벅지 관절에 있는 둔부의 힘줄을 먹지 아니하더라

건너 뛴 창세기 31장 요약

〈20년 만에 가나안으로 야곱이 라반을 떠나기 힘든 이유〉

1) 평생 친정이 있는 하란에서만 살았던 자매들

　　해결: 재물에 눈이 어두운 친정 아버지의 지나친 욕심에 진절머리가
　　　　 난 딸들이 떠나기를 선택함

2) 장인 라반과 처가 식구들이 야곱을 쉽게 놓아주지 않음

　　해결: 장인 몰래 떠남-하나님의 심판이 라반에게 임함

말씀 돋보기 - 관찰

1 야곱이 세일 땅 에돔 들에 있는 에서에게 보낸 메시지는 무엇이며, 사자들이 가져온 소식은 무엇인가?(창 32:3-6)

메시지: 라반과 함께 있어 지금까지 있었고, 내게 많은 재산이 있다.

소식: 에서가 400명을 거느리고 야곱을 만나려고 오고 있다.

 야곱은 종들이 전한 메시지로 두 가지를 강조했다. 첫째, 야곱이 그 동안 에서의 뒷전에서 일을 꾸미고 있었던 것이 아니라 먼 곳에 가 있었다는 사실이다. 둘째, 그는 이미 많은 재산을 소유하고 있으니 결코 자신의 유산을 챙기러 온 것이 아니라는 것이다. 야곱은 이 두 가지를 형에게 알려 형의 적대감을 조금이라도 완화시키려고 노력했다.

그러나 돌아온 소식은 에서가 400명을 이끌고 자신을 향해 오고 있다는 것이었다. 당시 가나안 지역에 있던 대부분의 도시 국가들의 군대 규모는 300-400명이었다. 에서가 이 많은 사람들을 이끌고 온다는 것은, 지난 20년 동안 야곱만큼이나 에서도 크게 번성했음을 암시한다. 여기서 에서의 무리는 야곱을 맞이하러 오는 것보다는 대적하기 위해서 오고 있는 것이다.

2 사자들의 소식에 야곱이 취한 두 가지 행동은 무엇인가?(창 32:7-12)

a) 자기와 함께 한 동행자와 재산을 두 떼로 나누었다.

b) 하나님께 기도했다.

 야곱은 자신의 재산을 두 떼로 나누었다. 에서가 한 쪽을 치면 다른 한쪽은 피할 수 있게 하겠다는 계산이었다. 그리고 자신이 할 수 있는 최선의 묘안을 내어 실행한 다음 야곱은 하나님께 기도했다. 성경에 기록된 야곱의 처음이자 마지막 기도이다.

〈야곱 기도의 7가지 요소〉

핵심	기도	교훈
대상(9절)	오 나의 아버지의 하나님 … 오 여호와여	하나님께서 하셨던 약속을 상기시킴
대상에 대한 서술 (9절)	저에게 '내가 너를 보살펴 주리라' 말씀하신 하나님	
겸손(10절)	저는 하나님의 은혜를 감당할 수 없습니다	지난 날을 회고하며 삶에 임한 하나님의 은혜와 축복 고백
세부적인 상황 설명 (10절)	내 지팡이만 … 지금은 두 떼나 이루었나이다	
간구(11절)	형 에서에게서 저를 구하소서	솔직한 자신의 두려움을 고백
당면한 문제에 대한 설명(11절)	나와 내 처와 아이들도 해칠까 두렵습니다	
동기부여(12절)	하나님께서 말씀하시기를 '너의 자손이 셀 수 없이 많아지리라' 하셨습니다	하나님의 약속을 상기시키는 일로 기도를 마무리

3 야곱은 에서에게 줄 예물을 택하여 네 떼로 나누어 보내면서 각 떼에게 에서에게 전하도록 명령한 것은 무엇이며, 그렇게 한 목적은 무엇인가?(창 32:13-20)

명령: 야곱이 에서에게 드리는 선물이며, 야곱은 뒤에 오고 있다.

이유: 에서의 감정을 완화시키겠다는 전략이었다.

각 그룹을 이끌고 가는 종들에게 이것은 모두 '야곱이 에서에게 드리는 선물이며, 야곱은 뒤에 오고 있다'는 말을 전하도록 했다. 어떻게든 에서의 감정을 완화시키겠다는 전략이었다. 야곱이 에서에게 준 짐승의 숫자는 550마리이다. 야곱은 이 짐승들을 에서에게 선물함으로 심리적으로는 에서의 환심을 사고, 물리적으로는 에서가 이동하기 어렵게 만들고 있다.

4 모든 무리가 얍복 나루를 건넌 후 혼자 남은 야곱은 무엇을 했는가?(창 32:24)

어떤 사람과 날이 새도록 씨름함

Tip 야곱은 어디서 왔는지도 모르는 사람과 밤새 씨름했다. 야곱은 큰 군대를 이끌고 그를 맞이하러 오는 에서를 생각하면 도망가고 싶었다. 그러나 갈 곳이 없다. 그는 외삼촌 라반에게도 돌아갈 수 없다. 이런 상황에서 그는 어떤 한 사람과 밤새 씨름했다. 이 사건은 교활했던 한 인간의 변화를 다루고 있다. 지금까지 야곱은 이름이 뜻하는 것과 같이 자신의 수단과 방법으로 자기가 원하는 모든 것을 취해 왔다. 그는 라반과 에서를 이겼다. 이제, 야곱은 필사적으로 하나님께 매달리고 있다. 그가 원했던 것은 형을 이길 정도의 힘이 아니라 에서의 어떤 위협에서도 자신를 보호할 하나님의 지속적인 함께하심이었다.

- **야곱의 씨름**

  영적 주장: 어떻게 하나님께서 인간과 씨름을 할 수 있을까? – 기도를 통한 영적 씨름

  물리적인 주장: 야곱이 환도뼈를 다쳐 다리를 절면서 떠났다는 것은 물리적인 면도 포함됨

  (cf. 창세기 3장의 뱀도 사탄이기도 하지만 실제로 들판을 배회하는 뱀)

5 야곱과 씨름하던 사람은 야곱의 이름을 '이스라엘'로 바꾸어 주는데 그 의미는 무엇인가?(창 32:28)

하나님과 겨루어 이겼다.

Tip 이름은 낮은 자가 높은 자에게 말하는 것이 당시 정서였다. 그러므로 이 사람이 야곱의 이름을 묻는 것은 그가 야곱보다 더 강한 자, 높은 자임을 뜻한다. 하나님께서는 야곱에게 새 이름으로 축복하셨는데 새 이름은 새 신분을 의미한다. 야곱은 더 이상 야곱(지렁이 같은 놈, 속이는 자)이 아니라 이스라엘(하나님을 이긴 자, 하나님의 존귀한 자)이 되었다. 삶의 최대 곤경에 처한 야곱이 필사적으로 하나님께 매달림으로써 이런 영광스러운 이름을 얻게 되었다. 야곱은 오랫동안 하나님을 알고 있는 종교인이었지만 진짜 하나님의 자녀가 된 것은 이 때이다.

삶의 내비게이션 - 적용

1 야곱은 형과 장자권을 놓고 씨름했고(25, 27장), 장자의 축복을 얻기 위해 아버지와 씨름했다(27장). 재산을 모으기 위해서는 장인과 씨름했다(29-31장). 이제 생존을 위해 하나님과 씨름하고 있다. 당신은 지금까지 무엇을 위해 씨름했는가?

관찰문제 4번 참고. 야곱의 인생은 한마디로 씨름하는 인생이었다. 그리고 그런 씨름을 통해서 장자권과 축복과 이스라엘이라는 이름을 얻게 되었다. 우리의 인생도 무언가를 놓고 씨름하는 인생이며, 그 씨름은 개인의 가치관과 우선순위에 따라 서로 다를 것이다. 각자가 지금까지 무엇을 위해서 씨름했는지 이야기해 보도록 한다.
예) 물질을 위해서, 자녀를 위해서, 명예를 위해서, 권력을 위해서, 가족을 위해서 다양한 주제들이 나올 것이다. 이야기를 통해서 서로를 더 많이 알 수 있고, 인도자는 개인의 생각과 우선순위에 대해 알 수 있다.

2 자신의 수단과 방법으로 자기가 원하는 것은 모두 가졌던 야곱이 하나님 앞에서 낮아지고 겸손해지는 것을 보게 된다. 당신은 하나님 앞에 어떤 모습으로 서 있는가?

관찰문제 5번 참고. 야곱은 씨름을 통해 변화되어 축복 받기에 적합한 사람이 되었다. 문제를 우리 스스로의 힘으로 해결하려고 모든 수단과 방법을 동원해도 벽에 부딪히는 경우가 있다. 그럴 때 하나님 앞에 문제를 내려놓고 낮아지고 겸손한 모습이 되면 비로소 하나님께서 일하셔서 우리가 생각한 것 이상의 효과와 결과를 보게 된다.
각자 하나님 앞에 어떤 모습으로 서는지 이야기를 나누어 본다. 하나님의 뜻을 구하기 보다는 무조건 내 생각과 기도를 들어 달라고 조르는 사람도 있을 것이다. 또는 인간이 할 수 있는 노력조차도 없이 그냥 무작정 기다리는 경우도 있을 것이다. 자신의 뜻대로 이루어지지 않는 일을 보며 하나님은 무관심하시고 무능하신 분이라고 생각하는 경우도 있을 것이다. 감사보다는 요구가 많은 사람도 있을 것이다. 여러가지 자신의 모습을 돌아보고 고백하며, 하나님 앞에 어떤 모습일 때 가장 축복받을 수 있는가에 대해 이야기 나누어 본다.
인도자는 정답을 말하기보다는 서로의 다양한 자세를 알게 하고, 바람직한 자세에 대해 스스로 이야기하고 결론에 도달할 수 있도록 돕는 자의 역할을 감당한다.

3 하나님을 만난다고 해서 모든 것이 더해지는 것은 아니다. 빠질 것은 빠지고 채워질 것은 채워진다. 야곱은 불구가 되었지만 이스라엘이라는 이름을 얻게 되었다. 당신은 하나님과 만남으로 제거된 것은 무엇이고, 채워진 것은 무엇인가?

관찰문제 5번 참고. 야곱은 이스라엘이라는 '이름'을 얻었지만 '불구'가 되어 다리를 절었다. 하나님을 만남으로 인해 우리가 갖고 있는 것 중에 제거해야 할 것은 무엇인가 이야기 나누어 보도록 한다.

예) 욕심, 이생의 안목, 육신의 편안함, 교만 등.

이러한 것들을 버리면 그 자리에 하나님의 말씀과 경건과 거룩함으로 채워질 것이다. 물론 그냥 이루어지는 것은 아니다. 우리가 지속적으로 성화 되어가듯이 꾸준한 경건의 훈련이 필요하다.

각자 하나님을 만남으로 채워진 것은 무엇이 있는지 말해 보도록 한다. 그리고 어떤 변화가 일어났는지 고백함으로 하나님을 찬양할 수 있는 시간이 되도록 한다.

VII. 마무리

- 기도로 마무리한다.
- 제6주 관찰문제를 예습해 오도록 한다.
- 실천 과제를 제시한다.

 생활의 아로마 - 실천

예 1) 하나님을 만남으로 제거되어야 하는 한 가지를 기록하고 실천하도록 한다.

  2) 하나님 앞에 겸손한 모습으로 서기 위해 실천해야 하는 한 가지를 기록하고 행동으로 옮기도록 한다.

위기와 대처 사이

창세기 34:1-31

학습목표

1. 하나님의 사람들이 위기에 대처하는 방법에 대해 알 수 있다.

KEYWORD 위기, 속임수, 폭력

Ⅰ. 찬양과 기도

Ⅱ. 지난주 실천 과제 나눔

Ⅲ. 복습문제 풀이

 복습

1 야곱과 씨름하던 사람은 야곱의 이름을 '이스라엘'로 바
   꾸어 주는데 그 의미는 무엇인가?(창 32:28)
   하나님과 겨루어 이겼다.

34:1 레아가 야곱에게 낳은 딸 디나가 그 땅의 딸들을 보러 나갔더니 2 히위 족속 중 하몰의 아들 그 땅의 추장 세겜이 그를 보고 끌어들여 강간하여 욕되게 하고 3 그 마음이 깊이 야곱의 딸 디나에게 연연하며 그 소녀를 사랑하여 그의 마음을 말로 위로하고 4 그의 아버지 하몰에게 청하여 이르되 이 소녀를 내 아내로 얻게 하여 주소서 하였더라 5 야곱이 그 딸 디나를 그가 더럽혔다 함을 들었으나 자기의 아들들이 들에서 목축하므로 그들이 돌아오기까지 잠잠하였고 6 세겜의 아버지 하몰은 야곱에게 말하러 왔으며 7 야곱의 아들들은 들에서 이를 듣고 돌아와서 그들 모두가 근심하고 심히 노하였으니 이는 세겜이 야곱의 딸을 강간하여 이스라엘에게 부끄러운 일 곧 행하지 못할 일을 행하였음이더라 8 하몰이 그들에게 이르되 내 아들 세겜이 마음으로 너희 딸을 연연하여 하니 원하건대 그를 세겜에게 주어 아내로 삼게 하라 9 너희가 우리와 통혼하여 너희 딸을 우리에게 주며 우리 딸을 너희가 데려가고 10 너희가 우리와 함께 거주하되 땅이 너희 앞에 있으니 여기 머물러 매매하며 여기서 기업을 얻으라 하고 11 세겜도 디나의 아버지와 그의 남자 형제들에게 이르되 나로 너희에게 은혜를 입게 하라 너희가 내게 말하는 것은 내가 다 주리니 12 이 소녀만 내게 주어 아내가 되게 하라 아무리 큰 혼수와 예물을 청할지라도 너희가 내게 말한 대로 주리라 13 야곱의 아들들이 세겜과 그의 아버지 하몰에게 속여 대답하였으니 이는 세겜이 그 누이 디나를 더럽혔음이라 14 야곱의 아들들이 그들에게 말하되 우리는 그리하지 못하겠노라 할례 받지 아니한 사람에게 우리 누이를 줄 수 없노니 이는 우리의 수치가 됨이니라 15 그런즉 이같이 하면 너희에게 허락하리라 만일 너희 중 남자가 다 할례를 받고 우리 같이 되면 16 우리 딸을 너희에게 주며 너희 딸을 우리가 데려오며 너희와 함께 거주하여 한 민족이 되려니와 17 너희가 만일 우리 말을 듣지 아니하고 할례를 받지 아니하면 우리는 곧 우리 딸을 데리고 가리라 18 그들의 말을 하몰과 그의 아들 세겜이 좋게 여기므로 19 이 소년이 그 일 행하기를 지체하지 아니하였으니 그가 야곱의 딸을 사랑함이며 그는 그의 아버지 집에서 가장 존귀하였더라 20 하몰과 그의 아들 세겜이 그들의 성읍 문에 이르러 그들의 성읍 사람들에게 말하여 이르되 21 이 사람들은 우리와 친목하고 이 땅은 넓어 그들을 용납할 만하니 그들이 여기서 거주하며 매매하게 하고 우리가 그들의 딸들을 아내로 데려오고 우리 딸들도 그들에게 주자 22 그러나 우리 중의 모든 남자가 그들이 할례를 받음 같이 할례를 받아야 그 사람들이 우리와 함께 거주하여 한 민족 되기를 허락할 것이라 23 그러면 그들의 가축과 재산과 그들의 모든 짐승이 우리의 소유가 되지 않겠느냐 다만 그들의 말대로 하자 그러면 그들이 우리와 함께 거주하리라 24 성문으로 출입하는 모든 자가 하몰과 그의 아들 세겜의 말을 듣고 성문

으로 출입하는 그 모든 남자가 할례를 받으니라 [25] 제삼일에 아직 그들이 아파할 때에 야곱의 두 아들 디나의 오라버니 시므온과 레위가 각기 칼을 가지고 가서 몰래 그 성읍을 기습하여 그 모든 남자를 죽이고 [26] 칼로 하몰과 그의 아들 세겜을 죽이고 디나를 세겜의 집에서 데려오고 [27] 야곱의 여러 아들이 그 시체 있는 성읍으로 가서 노략하였으니 이는 그들이 그들의 누이를 더럽힌 까닭이라 [28] 그들이 양과 소와 나귀와 그 성읍에 있는 것과 들에 있는 것과 [29] 그들의 모든 재물을 빼앗으며 그들의 자녀와 그들의 아내들을 사로잡고 집 속의 물건을 다 노략한지라 [30] 야곱이 시므온과 레위에게 이르되 너희가 내게 화를 끼쳐 나로 하여금 이 땅의 주민 곧 가나안 족속과 브리스 족속에게 악취를 내게 하였도다 나는 수가 적은즉 그들이 모여 나를 치고 나를 죽이리니 그러면 나와 내 집이 멸망하리라 [31] 그들이 이르되 그가 우리 누이를 창녀 같이 대우함이 옳으니이까

건너 뛴 창세기 33장 요약

1) 20여 년만에 에서와 야곱의 형제 상봉-야곱은 한없이 낮은 자세로 형을 대하고 대범한 형은 그를 용서하고 껴안는다.
2) 화해한 형제는 좋은 기억을 가지고 서로 갈 길을 간다.
3) 야곱이 가족을 이끌고 세겜으로 가 그곳에서 제단을 쌓고 하나님을 경배한다.

V. 관찰문제의 바른 답

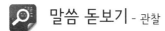 말씀 돋보기 - 관찰

1 레아의 딸 디나가 나들이에 나선 이유는 무엇이며, 그곳에서 당한 일은 무엇인가?(창 34:1, 2)

세겜 지역의 여자들을 보기 위해서

성폭행

 야곱의 딸 디나는 세겜 지역에 사는 여자들을 보기 위해 나들이에 나섰다. 디나가 홀로 낯선 도시를 방문했다는 것은 당시 정서를 고려하면 문제가 있는

행동으로, 처녀가 보호자 없이 낯선 도시를 홀로 배회한다는 것은 상상도 할 수 없는 일이었다. 그 곳에서 디나는 히위 족속의 추장인 세겜에게 성폭행을 당하게 된다.

※ 주의: 피해를 당한 경험이 있는 사람이 있을 수 있으므로 가볍고 장난스러운 분위기는 자제하는 것이 바람직하다. 또한 여성 피해자가 원인을 제공해서 이런 일이 일어났다는 추측으로 몰아가는 것도 바람직하지 않다. 이 문제에 대해서는 신중하고 조심스러울 필요가 있다.

2 디나의 소식을 들은 아버지 야곱과 오빠들의 반응은 어떠했는가?(창 34:5, 6)

아버지: 잠잠히 있었다.

오빠들: 분노하였다.

야곱은 디나의 이야기를 듣고 아무런 행동도 취하지 않고 들에서 짐승을 치고 있는 아들들이 돌아오기까지 잠잠히 있었다. 야곱의 이러한 행동은 딸에 대해 무책임한 것으로, 디나의 두렵고 떨리는 상황을 전혀 고려하지 않은 것이었다. 반면에 야곱의 아들들은 디나의 일로 매우 분노했다. 저자도 이 일에 대해 자신의 입장을 밝히는데 "세겜이 야곱의 딸을 강간하여 이스라엘에게 부끄러운 일 곧 행하지 못할 일을 행하였다"라고 한다(7절).

- **구약의 부끄러운 일**
  - 사회의 건강과 보존을 위해 반드시 처벌해야 하는 범죄를 의미
  1) 매우 심각한 도덕적/윤리적 기준을 범하는 행위(신 22:21; 삿 20:6; 삼하 13:12; 렘 29:23)
  2) 심각한 성적인 범죄(삿 19:23–24; 사 9:16)
  3) 도를 넘는 매정함(삼상 25:25)

3 하몰의 요청과 야곱의 아들들의 제안은 무엇인가?(창 34:8-17)

하몰의 요청: 디나를 세겜에게 주어 아내를 삼게 하고, 우리와 통혼하자.

야곱의 아들들: 할례를 받지 않은 사람에게 누이를 줄 수 없으니 할례를 받으라.

세겜의 아버지 하몰은 야곱을 찾아와 디나를 세겜의 아내로 줄 것을 요청했다. 세겜도 어떤 몸값이라도 지불하겠다고 간청한다. 그러나 저지른 잘못에

대한 사과는 없다. 이에 야곱의 아들들은 할례를 받지 않은 자들과 피를 섞을 수 없다고 말하며, 모든 히위 족속이 할례를 받으면 그들이 제시한 대로 서로 여인들을 주어 결혼하여 한 민족이 될 수 있다는 기대를 심어 주었다.

4 할례를 받아 고통 속에 있는 세겜 사람들에게 야곱의 아들들은 어떻게 했는가?(창 34:25-29)

남자들이 할례로 아파할 때에 디나의 오빠 시므온과 레위가 성읍을 기습하여 모든 남자들을 죽였고, 야곱의 여러 아들이 성읍으로 가서 노략질을 했다.

그들은 할례를 행한 지 3일째 되는 날을 기다려 세겜 사람들을 모두 몰살시켰다. 3일째 되는 날까지 기다린 것은 세겜 사람들의 숫자가 너무 많아 이때 비로소 모든 남자들이 할례를 받았기 때문일 수도 있고, 아니면 이 때가 할례로부터 오는 고통이 가장 큰 때일 수도 있다.

시므온과 레위가 세겜 사람들을 몰살시켰다는 소식이 전해지자 야곱의 아들들은 모두 약탈에 나섰다. 야곱의 아들들은 세겜 사람들의 소유물과 아내, 자식들을 모두 취했다. 모든 물건을 약탈했다는 것은 그들의 지나친 욕심을 잘 묘사하고 있다. 이들의 행동은 속임수를 통해서 신뢰를 깨는 배신의 행위였다. 특히 자신을 방어할 수 없는 사람들에게 행해진 비열하고 잔인한 행동이었다.

5 야곱은 아들들의 행동에 화를 냈는데 어떤 생각을 가지고 있었으며, 그 것은 무엇을 의미하는가?(창 34:30)

디나를 세겜과 결혼시킬 생각이었다.

하나님의 약속이 위기에 빠지는 것을 의미한다.

야곱은 진정으로 세겜 사람들과 합할 생각을 가지고 있었다. 또한 야곱은 디나의 의사와 관계없이 성폭행한 자에게 딸을 결혼시키려 했다. 이러한 생각은 하나님께서 아브라함의 후손들을 통해 구성하려고 하셨던 선택된 백성이 없어질 수도 있는 위험에 빠지게 하는 것이다.

삶의 내비게이션 - 적용

1 디나의 소식을 접한 아버지의 절제된 감정과 아들들의 분노는 극적인 대조를 이룬다. 당신의 가족들이 뜻밖의 소식을 접했을 때 보인 다양한 반응에는 어떤 것이 있는가?

관찰문제 2번 참고. 디나의 소식을 들은 가족들의 반응이 엇갈리듯이 우리들의 가정에서도 다양한 문제를 만날 때 가족들의 반응은 여러 가지일 것이다. 그 반응에 대해 이야기를 나누어 본다. 야곱과 같은 스타일도 있을 수 있고, 아들들과 같은 스타일도 있을 수 있다. 다양한 이야기를 나눔으로 서로에 대해 알아 보는 시간을 갖도록 한다. 인도자는 자연스러운 분위기에서 이야기 하도록 돕는다.

2 세겜은 잘못을 저지른 후에 진정한 사과를 먼저 해야 했다. 그러나 그는 사과없이 보상으로 일을 마무리 하려고 한다. 당신이 진정한 사과를 해야 하거나, 사과를 기다리고 있는 것은 무엇인가?

관찰문제 3번 참고. 세겜은 사과 한 마디도 없이 디나를 달라고 하며, 돈으로 모든 것을 해결하려고 한다. 물질만능주의 시대를 살아가는 모두가 일을 돈으로 해결하려고 한다. 그러나 피해자가 가해자에게 가장 듣고 싶은 말은 "얼마면 돼?"가 아니라 "미안해"일 것이다.

각자 진정한 사과를 해야 하는 대상이 있는지 나누어 보고, 사과할 수 있도록 서로 용기를 주도록 한다. 또 사과를 받지 못해 서운한 경우가 있는지, 혹은 진정한 사과를 받고 싶어 기다리는 경우가 있는지 이야기를 나누어 본다. 상대방은 이미 사과를 했다고 생각할 수도 있으므로 먼저 기회를 주는 경우에 대해서도 이야기를 나누어 본다. 각자의 경우 어떻게 대처했는지, 혹은 어떤 경우 서운했는지를 피드백으로 나누어 본다.

3 시므온과 레위의 행동은 장자권을 잃게 되는 계기가 되었다(49장). 우리는 죄나 과오를 하나님의 뜻과 연관시켜서 합리화하거나 정당화하지 말아야 한다. 당신이 하나님의 뜻이라고 생각하여 타협하고 있는 것은 무엇인가?

관찰문제 4번 참고. 하몰의 순진함을 시므온과 레위는 간교하게 이용한다. 이스라엘이 정통성을 유지하기 위해서는 다른 민족과 섞여서는 안될 것이다. 그러나 시므온과 레위의 만행은 결코 하나님께서 역사하시는 방법이 아니다. 하나님의 뜻을 이룬다는 명목으로 인간의 죄를 정당화할 수는 없다.

각자에게 '하나님의 일이니까' 하며 다른 일을 하찮게 여기거나, 대를 위해 소를 희생한다는 식의 논리로 자신의 일을 합리화시키고 있는 것은 없는지 이야기를 나누어 본다. 교회 일도 중요하지만 직장의 일도 중요하고 가정의 일도 중요하다. 교회 일을 위해 직장에서 자신의 업무는 뒷전이고 딴 일을 한다든지, 가족은 나중이고 믿음의 형제자매를 챙기기에 바쁘다든지 다양한 주제가 나올 수 있다.

인도자는 하나님의 일을 하는 것과 하나님의 인정을 받는 것의 차이에 대해 이야기를 나누어 보도록 한다. 그리고 우리가 추구해야 하는 것은 무엇인지 각자가 말할 수 있도록 돕는다.

Ⅶ. 마무리

- 기도로 마무리한다.
- 제7주 관찰문제를 예습해 오도록 한다.
- 실천 과제를 제시한다.

 ## 생활의 아로마 - 실천

예 1) 사과를 해야 하는 사람에게 진정한 사과를 하도록 한다.

　 2) 하나님께 인정받기 위해 하나님께 사용되도록 기도한다.

형제의 강

창세기 37:1-30

학습목표

1. 아버지의 차별이 자녀들의 갈등으로 연결되는 것을 알 수 있다.
2. 은사 사용에는 지혜가 필요하다는 것을 알 수 있다.

KEYWORD 차별, 분노, 지혜

I . 찬양과 기도

II . 지난주 실천 과제 나눔

III . 복습문제 풀이

 복습

1 디나가 나들이 나갔다가 성폭행 당한 소식을 들은 아버지 야곱과 오빠들의 반응은 어떠했는가?(창 34: 5, 6)

아버지: 잠잠히 있었다. / **오빠들:** 분노하였다.

37:1 야곱이 가나안 땅 곧 그의 아버지가 거류하던 땅에 거주하였으니 2 야곱의 족보는 이러하니라 요셉이 십칠 세의 소년으로서 그의 형들과 함께 양을 칠 때에 그의 아버지의 아내들 빌하와 실바의 아들들과 더불어 함께 있었더니 그가 그들의 잘못을 아버지에게 말하더라 3 요셉은 노년에 얻은 아들이므로 이스라엘이 여러 아들들보다 그를 더 사랑하므로 그를 위하여 채색옷을 지었더니 4 그의 형들이 아버지가 형들보다 그를 더 사랑함을 보고 그를 미워하여 그에게 편안하게 말할 수 없었더라 5 요셉이 꿈을 꾸고 자기 형들에게 말하매 그들이 그를 더욱 미워하였더라 6 요셉이 그들에게 이르되 청하건대 내가 꾼 꿈을 들으시오 7 우리가 밭에서 곡식 단을 묶더니 내 단은 일어서고 당신들의 단은 내 단을 둘러서서 절하더이다 8 그의 형들이 그에게 이르되 네가 참으로 우리의 왕이 되겠느냐 참으로 우리를 다스리게 되겠느냐 하고 그의 꿈과 그의 말로 말미암아 그를 더욱 미워하더니 9 요셉이 다시 꿈을 꾸고 그의 형들에게 말하여 이르되 내가 또 꿈을 꾼즉 해와 달과 열한 별이 내게 절하더이다 하니라 10 그가 그의 꿈을 아버지와 형들에게 말하매 아버지가 그를 꾸짖고 그에게 이르되 네가 꾼 꿈이 무엇이냐 나와 네 어머니와 네 형들이 참으로 가서 땅에 엎드려 네게 절하겠느냐 11 그의 형들은 시기하되 그의 아버지는 그 말을 간직해 두었더라 12 그의 형들이 세겜에 가서 아버지의 양 떼를 칠 때에 13 이스라엘이 요셉에게 이르되 네 형들이 세겜에서 양을 치지 아니하느냐 너를 그들에게로 보내리라 요셉이 아버지에게 대답하되 내가 그리하겠나이다 14 이스라엘이 그에게 이르되 가서 네 형들과 양 떼가 다 잘 있는지를 보고 돌아와 내게 말하라 하고 그를 헤브론 골짜기에서 보내니 그가 세겜으로 가니라 15 어떤 사람이 그를 만난즉 그가 들에서 방황하는지라 그 사람이 그에게 물어 이르되 네가 무엇을 찾느냐 16 그가 이르되 내가 내 형들을 찾으오니 청하건대 그들이 양치는 곳을 내게 가르쳐 주소서 17 그 사람이 이르되 그들이 여기서 떠났느니라 내가 그들의 말을 들으니 도단으로 가자 하더라 하니라 요셉이 그의 형들의 뒤를 따라 가서 도단에서 그들을 만나니라 18 요셉이 그들에게 가까이 오기 전에 그들이 요셉을 멀리서 보고 죽이기를 꾀하여 19 서로 이르되 꿈 꾸는 자가 오는도다 20 자, 그를 죽여 한 구덩이에 던지고 우리가 말하기를 악한 짐승이 그를 잡아먹었다 하자 그의 꿈이 어떻게 되는지를 우리가 볼 것이니라 하는지라 21 르우벤이 듣고 요셉을 그들의 손에서 구원하려 하여 이르되 우리가 그의 생명은 해치지 말자 22 르우벤이 또 그들에게 이르되 피를 흘리지 말라 그를 광야 그 구덩이에 던지고 손을 그에게 대지 말라 하니 이는 그가 요셉을 그들의 손에서 구출하여 그의 아버지에게로 돌려보내려 함이었더라 23 요셉이 형들에게 이르매 그의 형들이 요셉의 옷 곧 그가 입은 채색옷을 벗기고 24 그를 잡아 구

덩이에 던지니 그 구덩이는 빈 것이라 그 속에 물이 없었더라 ^{25} 그들이 앉아 음식을 먹다가 눈을 들어 본즉 한 무리의 이스마엘 사람들이 길르앗에서 오는데 그 낙타들에 향품과 유향과 몰약을 싣고 애굽으로 내려가는지라 ^{26} 유다가 자기 형제에게 이르되 우리가 우리 동생을 죽이고 그의 피를 덮어둔들 무엇이 유익할까 ^{27} 자 그를 이스마엘 사람들에게 팔고 그에게 우리 손을 대지 말자 그는 우리의 동생이요 우리의 혈육이니 라 하매 그의 형제들이 청종하였더라 ^{28} 그 때에 미디안 사람 상인들이 지나가고 있는 지라 형들이 요셉을 구덩이에서 끌어올리고 은 이십에 그를 이스마엘 사람들에게 팔 매 그 상인들이 요셉을 데리고 애굽으로 갔더라 ^{29} 르우벤이 돌아와 구덩이에 이르러 본즉 거기 요셉이 없는지라 옷을 찢고 ^{30} 아우들에게로 되돌아와서 이르되 아이가 없 도다 나는 어디로 갈까

건너 뛴 장 요약

35장
야곱의 열두 아들과 이삭의 죽음

36장
에서의 가족들과 에서의 족장들 에돔의 왕들 목록

 말씀 돋보기 - 관찰

1 야곱은 아버지로서 자녀들과의 관계에서 어떻게 행동했고, 그것은 어떤 결과를 초래했는가?

요셉(2절): 형들의 잘못을 아버지에게 고자질 했다.

아버지(3절): 요셉을 더 사랑하여 채색옷을 지어 입혔다.

형들(4절): 아버지가 요셉을 더 사랑하므로 요셉을 더욱 미워했다.

> **Tip** 야곱은 요셉을 더 사랑하여 채색옷을 지어 입혔고, 요셉은 형들의 잘못을 아 버지에게 말하였다. 형들은 야곱이 요셉을 더 사랑하므로 그를 미워하였다. 야곱은 형제들간의 불신을 조장하는 아버지였다. 자녀들을 편애했고, 자신의 이익을 위해 요셉의 고자질을 이용하여 형제들을 책망하거나 혼내기도 했다.

야곱의 행위에는 두 가지 문제점을 갖고 있다. 첫째 야곱은 요셉이 형들의 과오를 고자질하는 것을 막지 않았다. 둘째, 야곱은 요셉을 지나치게 편애했다. 이러한 아버지의 처사에 형들은 요셉을 더욱더 미워했다.

- **채색옷에 대한 해석**
  1) 색동옷
  2) 화려한 옷
  3) 다른 옷들보다 훨씬 길어서 자태를 드러내는 예복

2 요셉은 두 개의 꿈을 꾸었다. 요셉의 두 번째 꿈에 대한 야곱의 반응은 어떠했는가?(창 37:11)

마음에 두었다.

첫 번째 꿈은 형들의 단이 요셉의 단에게 절을 했고, 두 번째 꿈은 해와 달과 별 열한 개가 절했다. 이것은 온 집안이 그를 섬기게 될 것이라는 의미이다. 야곱은 요셉을 나무라면서도 그의 말을 마음에 두었다. 훗날 요셉의 형들에게서 '요셉이 짐승들에게 찢겨 죽은 것 같습니다'라는 말을 들은 후에도 야곱은 이 꿈을 기억하며 그가 살아 있을 것이라는 믿음을 갖게 된다.

이스라엘 사람들이 꿈을 해몽하는 기술을 배운 것은 기록되어 있지 않다. 성경은 이스라엘 사람들이 꿈을 해몽하는 은사를 지녔음을 암시한다. 요셉이 유사한 내용으로 두 번의 꿈을 꾼 점은, 꿈을 통해 암시된 일들이 반드시 실현될 것이라는 확신을 갖게 한다.

〈요셉과 꿈〉

	꿈 내용	해석	성구(창세기)
가나안 땅	형들의 곡식 단이 요셉의 단을 둘러서서 절함	요셉이 형들을 다스리게 됨	37:5-8
	해와 달과 열한 별이 요셉에게 절함	부모 및 형제들이 요셉을 경배하게 됨	37:9-11
감옥	세 가지가 있는 포도나무의 포도로 잔에 즙을 짜 바로에게 바침	3일 후 복직	40:9-13
	머리에 이고 있는 세 광주리의 떡을 새가 먹음	3일 후 사형	40:16-19
왕궁	살진 암소 일곱 마리가 흉악한 암소 일곱 마리에게 먹힘	7년의 풍년과 7년의 흉년	41:17-21
	무성한 일곱 이삭이 쇠약하고 마른 일곱 이삭에게 먹힘	7년의 풍년과 7년의 흉년	41:22-24

3 형들이 요셉을 미워하는 이유는 무엇인가?(창 37:2, 4, 5, 8, 11, 19)

배다른 동생(2절), 요셉의 고자질(2절), 아버지의 편애(4절), 요셉의 꿈(19절)

 형들이 요셉을 미워한 이유는 첫째는 어머니가 다른 이복동생이요, 둘째는 고자질하는 녀석이었고 셋째, 아버지의 총애를 다 받고 있었으며 넷째, 형들을 지배하는 꿈을 꾸었다고 떠들고 다녔기 때문이다. 그러니 형들이 요셉을 미워한 것을 충분히 이해할 수 있다.

4 형들의 음모는 무엇이었는가?(창 37:19-20, 21, 26-27)

형들: 구덩이에 던지자.

르우벤: 피를 흘리지 말자, 아버지에게 돌려 보내려 함

유다: 동생을 죽이는 것이 유익하지 않으니 이스마엘 사람들에게 팔자.

 형들의 음모는 이러했다. 요셉을 구덩이에 처넣어 죽이고 아버지에게는 짐승이 그를 잡아 먹었다고 하자는 것이었다. 그러나 르우벤은 생각이 달랐다. 상황을 봐서 요셉을 살려 아버지에게 보낼 계획이었다. 반면 유다는 지나가는 상인들을 보고 형제들에게 요셉을 죽이느니 차라리 노예로 팔자고 제안한다. 르우벤은 요셉을 살려 아버지에게 돌려 보내려고 했지만 형제들을 설득하는데 실패했다. 웅덩이에 갇혀 죽게 된 요셉은 유다에 의해 죽음만은 면하게 되었다. 이 사건은 앞으로 온 이스라엘을 통치하게 될 지파의 선조인 유다가 벌써부터 형제들 사이에서 리더십을 발휘하고 있는 모습을 보여 준다.

VI. 적용과 나눔

 삶의 내비게이션 - 적용

1 야곱은 요셉과 다른 아들들을 편애한다. 이 일로 요셉과 형제들의 관계는 원만하지 못했다. 당신이 혹시 부모님께 속상했던 일이나 형제들에게 마음에 쌓인 불만이 있다면 무엇인가?

관찰문제 1번 참고. 요셉과 형들의 불편한 관계는 서로에게도 문제가 있겠지만 근본적으로 야곱에게서 문제점을 찾을 수 있다. 살아오면서 속상했던 일, 마음에 쌓인 불만이 누구에게나 있을 것이다. 유년 시절 부모에게 서운했던 일은 어떤 것이 있는

지 이야기를 나누어 보도록 한다. 혹은 형제들 사이에 불만은 무엇인지 말해 보도록 한다.

자신의 불편한 과거를 이야기를 하는 것은 그 사실을 빛 가운데 드러내는 작업이다. 모두에게 노출함으로 어둠에 갇혔던 불편한 과거에서 벗어날 수 있는 기회가 될 수 있다. 그러므로 자신의 불편한 과거에 대해 조금이라도 이야기를 나누어 과거를 털고 새사람이 되도록 도울 수 있다.

인도자는 말하기 싫어하는 사람에게 억지로 강요해서는 안된다. 자연스러운 분위기에서 이야기하도록 돕는다.

2 당신이 겉으로는 아니다 하면서도 마음에 새겨 놓은 것이 있다면 그 것은 무엇인가?

관찰문제 4번 참고. 요셉–아버지–형들의 삼각관계를 통해 요셉이 이집트로 팔려가게 된 것은 갑자기 이루어진 것이 아니라 오랫동안 이들에게 있었던 갈등이 폭발한 일이었음을 알 수 있다. 어떤 사건이 아무리 '우발적'으로 생긴 일로 여겨지더라도 자세히 살펴보면 이 '돌발적'인 사건들의 대부분은 오랫동안 지속되어 오던 문제의 폭발이다.

각자가 겉으로는 아니다 하면서도 마음속으로는 그 사실을 인정한 경우에 대해 이야기를 나누어 본다. 부정적인 경우, 긍정적인 경우 모두 이야기를 나눌 수 있다. 자신의 잘못을 지적당할 경우 그 자리에서는 "내가 하지 않았다"라고 말할 수 있으나 속으로는 '다시는 그러지 말아야지' 하고 생각할 수 있다. 그리고 그것이 행동의 수정으로 옮겨질 수도 있다. 그러나 반대로 요셉의 경우처럼 그 자리에서는 화만 내지만 뒤에는 결국 보복으로 이어지는 경우도 있다.

3 당신의 은사를 활용하는데 있어서 절제하거나 지혜롭게 행해야 하는 것은 무엇이 있는가?

관찰문제 3번 참고. 요셉의 꿈은 형들이 그를 더욱 미워하게 하는 계기가 되었다. 요셉은 꿈이라는 좋은 은사를 갖고 있었음에도 불구하고 형들에게 더 큰 미움을 받게 된다. 이것을 통해 은사가 항상 좋은 결과를 가져다 주는 것만은 아님을 알 수 있다. 경우에 따라서 은사 때문에 고난과 핍박을 받을 수도 있다. 또한 하나님께서 주신 은사는 항상 타인에 대한 배려를 마음에 두고 지혜롭게 행해야 할 것이다. 은사를 사모하는 기도도 필요하지만 은사를 사용할 때 필요한 지혜와 용기를 간구하는 기도 또한 필요하다. 은사는 이웃과 교회를 세우고 치유하는데 사용되어야 하기 때문이다.

각자 은사를 활용하는데 절제하거나 지혜롭게 행해야 하는 것은 무엇인지 말해 보도록 한다. 인도자는 은사가 결코 부정적인 것은 아니라는 것을 염두에 두고, 다만 지혜롭게 사용해야 함을 강조하며 진행하도록 한다.

VII. 마무리

- 기도로 마무리한다.
- 제8주 관찰문제를 예습해 오도록 한다.
- 실천 과제를 제시한다.

 ### 생활의 아로마 - 실천

예1) 마음에 있는 불만을 한가지 해소하도록 한다.

2) 내가 가진 은사를 잘 사용하고 있는지 일주일 동안 페이퍼를 만들어 작성해 보도록 한다.

고난과 임마누엘

창세기 39:1-23

학습목표

1. 하나님의 사람은 고난 속에서도 임마누엘 하나님을 통해 형통할 수 있다.

KEYWORD 형통, 고난, 임마누엘

Ⅰ. 찬양과 기도

Ⅱ. 지난주 실천 과제 나눔

Ⅲ. 복습문제 풀이

 복습

1 야곱은 아버지로서 자녀들과의 관계에서 어떻게 행동했고, 그것은 어떤 결과를 초래했는가?

요셉(2절): 형들의 잘못을 아버지에게 고자질 했다.
....
아버지(3절): 요셉을 더 사랑하여 채색옷을 지어 입혔다.
....
형들(4절): 아버지가 요셉을 더 사랑하므로 요셉을 더욱 미워했다.

³⁹:¹ 요셉이 이끌려 애굽에 내려가매 바로의 신하 친위대장 애굽 사람 보디발이 그를 그리로 데려간 이스마엘 사람의 손에서 요셉을 사니라 ² 여호와께서 요셉과 함께 하시므로 그가 형통한 자가 되어 그의 주인 애굽 사람의 집에 있으니 ³ 그의 주인이 여호와께서 그와 함께 하심을 보며 또 여호와께서 그의 범사에 형통하게 하심을 보았더라 ⁴ 요셉이 그의 주인에게 은혜를 입어 섬기매 그가 요셉을 가정 총무로 삼고 자기의 소유를 다 그의 손에 위탁하니 ⁵ 그가 요셉에게 자기의 집과 그의 모든 소유물을 주관하게 한 때부터 여호와께서 요셉을 위하여 그 애굽 사람의 집에 복을 내리시므로 여호와의 복이 그의 집과 밭에 있는 모든 소유에 미친지라 ⁶ 주인이 그의 소유를 다 요셉의 손에 위탁하고 자기가 먹는 음식 외에는 간섭하지 아니하였더라 요셉은 용모가 빼어나고 아름다웠더라 ⁷ 그 후에 그의 주인의 아내가 요셉에게 눈짓하다가 동침하기를 청하니 ⁸ 요셉이 거절하며 자기 주인의 아내에게 이르되 내 주인이 집안의 모든 소유를 간섭하지 아니하고 다 내 손에 위탁하였으니 ⁹ 이 집에는 나보다 큰 이가 없으며 주인이 아무것도 내게 금하지 아니하였어도 금한 것은 당신뿐이니 당신은 그의 아내임이라 그런즉 내가 어찌 이 큰 악을 행하여 하나님께 죄를 지으리이까 ¹⁰ 여인이 날마다 요셉에게 청하였으나 요셉이 듣지 아니하여 동침하지 아니할 뿐더러 함께 있지도 아니하니라 ¹¹ 그러할 때에 요셉이 그의 일을 하러 그 집에 들어갔더니 그 집 사람들은 하나도 거기에 없었더라 ¹² 그 여인이 그의 옷을 잡고 이르되 나와 동침하자 그러나 요셉이 자기의 옷을 그 여인의 손에 버려두고 밖으로 나가매 ¹³ 그 여인이 요셉이 그의 옷을 자기 손에 버려두고 도망하여 나감을 보고 ¹⁴ 그 여인의 집 사람들을 불러서 그들에게 이르되 보라 주인이 히브리 사람을 우리에게 데려다가 우리를 희롱하게 하는도다 그가 나와 동침하고자 내게로 들어오므로 내가 크게 소리 질렀더니 ¹⁵ 그가 나의 소리 질러 부름을 듣고 그의 옷을 내게 버려두고 도망하여 나갔느니라 하고 ¹⁶ 그의 옷을 곁에 두고 자기 주인이 집으로 돌아오기를 기다려 ¹⁷ 이 말로 그에게 말하여 이르되 당신이 우리에게 데려온 히브리 종이 나를 희롱하려고 내게로 들어왔으므로 ¹⁸ 내가 소리 질러 불렀더니 그가 그의 옷을 내게 버려두고 밖으로 도망하여 나갔나이다 ¹⁹ 그의 주인이 자기 아내가 자기에게 이르기를 당신의 종이 내게 이같이 행하였다 하는 말을 듣고 심히 노한지라 ²⁰ 이에 요셉의 주인이 그를 잡아 옥에 가두니 그 옥은 왕의 죄수를 가두는 곳이었더라 요셉이 옥에 갇혔으나 ²¹ 여호와께서 요셉과 함께 하시고 그에게 인자를 더하사 간수장에게 은혜를 받게 하시매 ²² 간수장이 옥중 죄수를 다 요셉의 손에 맡기므로 그 제반 사무를 요셉이 처리하고 ²³ 간수장은 그의 손에 맡긴 것을 무엇이든지 살펴보지 아니하였으니 이는 여호와께서 요셉과 함께 하심이라 여호와께서 그를 범사에 형통하게 하셨더라

건너 뛴 창세기 38장 요약

약속을 지키지 않은 유다와 창녀로 가장한 며느리 다말의 이야기

 말씀 돋보기 - 관찰

1 요셉이 애굽왕 바로의 신하 친위대장의 집에서 가정총무가 될 수 있었던 이유는 무엇이며, 감옥에서 간수장의 은혜를 입게 된 이유는 무엇인가?(창 39:2-5, 21-23)

a) 하나님께서 함께 하셨다.

b) 보디발과 간수장의 인정을 받았다.

c) 요셉이 열심히 일했다.

> **Tip** 요셉은 주인의 총애를 받게 되어 그 집의 모든 것을 관리하게 된다. 요셉이 신임을 얻을 수 있었던 이유는 요셉이 열심히 일했기 때문이며, 하나님께서 그와 함께 하시면서 그가 하는 모든 일을 축복해 주셨기 때문이다. 요셉이 처한 상황은 바뀌었지만, 하나님과 요셉과의 관계는 바뀌지 않았다.
>
> 또한 하나님께서 감옥에 갇혀 있는 요셉과 함께 하시니 그로 인해 감옥의 분위기가 바뀌었다. 보디발의 집에 거할 때 주인의 신임을 얻었던 것처럼 감옥에서도 간수들의 절대적인 신임을 얻게 되었다. 그래서 요셉은 감옥의 모든 일을 도맡아 하게 되었다. 이 모든 일은 여호와께서 요셉과 함께 하셨기 때문에 가능한 일이었다.

2 요셉이 매일 유혹하는 주인의 아내의 유혹을 뿌리친 두 가지 이유는 무엇인가?(창 39:9)

a) 보디발에 대한 배신이라고 생각

b) 하나님께 범죄하기 싫어서

첫째, 요셉은 안주인의 청을 들어주는 것은 바깥주인 보디발에 대한 배신이라고 단정했다. 요셉은 주인이 그에게 베푼 신임을 결코 저버릴 수 없으며 생명을 걸고라도 그 신임에 부응하는 삶을 살아야 한다는 것을 알고 있었다.
둘째, 요셉이 안주인의 청에 응하는 것은 곧 하나님께 범죄하는 일이라는 사실을 깨닫고 있었다. 모든 것을 아시는 하나님 앞에 순결하게 살고자 했던 요셉의 마음이 잘 드러나고 있다.

3 여주인의 유혹에 요셉의 옷이 벗겨지는데 이 일은 요셉의 과거를 연상케 한다. 어떤 일이 있었는가?(창 39:12)

오래 전에 형들에 의해 요셉의 채색 옷이 벗겨졌다.

 여주인의 유혹을 거부하자 요셉의 옷을 붙잡았고, 요셉은 옷을 그녀의 손에 남겨둔 채 밖으로 도망쳤다. 요셉의 겉옷을 빼앗은 보디발의 아내는 오래 전 요셉의 채색 옷을 빼앗던 형들을 연상케 한다(37:33).

4 여주인의 요청에 요셉은 어떻게 행동했는가?(창 39:10, 12)

요셉은 함께 있지도 않았고, 옷을 버려두고 밖으로 나갔다.

 요셉은 여주인의 유혹에 그녀와 함께 있지도 않았고, 자기 옷을 그 여인의 손에 버려두고서라도 밖으로 나갔다. 요셉은 그녀와 함께 있는 것을 거부함으로 죄에 기회를 주지 않으려고 했다. "복 있는 사람은 악인의 꾀를 좇지 아니하며 죄인의 길에 서지 아니하며 오만한 자의 자리에 앉지 아니하고"(시1:1) 말씀처럼 요셉은 죄인의 길에 서지 않으려고 노력했으며, 그 자리에 앉지도 않으려는 모습을 보여준다. 그러므로 요셉은 복 있는 사람이며 의인이라고 할 수 있다.

5 노예의 신분이었던 요셉은 보디발의 아내로 말미암아 어떻게 되었는가?(창 39:17-20)

감옥에 갇혔다.

 보디발의 아내의 고소로 요셉은 감옥에 감금되었다. 보디발은 요셉을 처형할 수 있는 권한 있었고, 당시 정서로는 안주인을 범하려 한 노예는 가차없이 처형당하는 것이 기정 사실이었다. 그런데 보디발이 요셉을 죽이지 않고 감옥에 감금한 것은 예외적인 일이다. 특히 요셉이 갇힌 감옥은 바로의 감옥으로 정치범들이 지내는 곳이었다. 이렇게 볼 때 보디발은 그의 아내를 의심했다고 가정할 수 있다.

VI. 적용과 나눔

 삶의 내비게이션 - 적용

1 보디발의 아내는 빼어나고 아름다운 요셉에게 끌린 듯 하다. 만일 당신이 요셉과 같은 이성에게 끌린다면 어떤 점이 끌리겠는가?

창 39:6 참고. 요셉은 용모가 준수한 청년으로 묘사되고 있다. 보디발의 아내는 그러한 요셉의 용모에 끌린 듯 하다. 또는 모든 일을 열심히 잘 해내는 그의 능력에 끌렸을 수도 있다. 각자가 이성에게 끌리는 부분은 무엇인지 이야기 나누어 보도록 한다.

인도자는 이 문제를 심각한 이야기로 나누는 것이 아니라 가볍게 마음을 열고 말문을 여는 시간으로 활용하는 것이 유익하다. 서로를 알아가는 시간이다. 이성에 대해 외모, 학력, 재력, 능력, 또는 특별한 행동을 했을 때 등 다양한 이야기를 나눌 수 있다. 정답이 없으므로 인도자는 자연스럽게 이야기를 나누도록 한다. 다만 시간을 너무 많이 끌어서는 안된다.

2 요셉은 육체는 매여 있는 노예였지만 마음은 하나님께 향한 자유인이었다. 반면 보디발의 아내는 몸은 자유인이었으나 마음은 욕망의 노예였다. 지금 당신을 사로 잡고 있는 생각은 무엇인가?

관찰문제 2번, 4번 참고. 보디발의 아내는 남편의 노예에 대한 욕망의 노예가 되어 있다. 진정한 노예는 육체가 매여있는 것보다 마음(욕망, 욕심)이 매여있는 것이다. 그러므로 인도자는 요셉과 보디발의 아내 중 누가 진짜 노예였는지 물어보고 각자의 생각을 말해보도록 한다.

각자 현재 가장 마음을 사로 잡고 있는 생각, 욕심, 욕망은 무엇인지 이야기 나누어 본다. 그것이 요셉의 편에 속하는지 혹은 보디발의 아내 편에 속하는지 스스로 점검해 보도록 하고 진정으로 그리스도 안에서 자유인이 되기 위해서는 어떻게 행해야 하는지 서로 피드백을 나누어 본다.

3 요셉이 노예가 된 것이나 감옥에 갇힌 것은 애통한 일이었으나 성경
은 그가 형통했다고 기록하고 있다. 당신이 생각하는 형통의 정의는
무엇인가?

관찰문제 1번 참고. 요셉은 노예였으며, 억울하게 감옥에 갇혔지만 하나님께서 그와
함께 하시므로 그가 형통한 자가 되었다고 기록하고 있다(2절). 요셉에게는 하나님이
함께 하심이 형통이었고 그의 좋은 성품은 어떤 상황에서도 최선을 다했다. 그러므
로 그가 있는 곳에서 그는 형통한 자가 될 수 있었다. 각자 형통은 무엇이라고 생각
하는지 이야기를 나누어 본다. 인도자는 성경이 말하는 진정한 형통의 정의를 내릴
수 있도록 돕는다.

〈관점의 차이〉

	인간적 관점	하나님의 관점
범죄 누명	죄와 적당히 타협하지 못한 대가	죄를 멀리한 용기와 의로움
하나님의 침묵	하나님이 요셉을 저버리심	다음 단계를 위한 과정
감옥	가장 처참한 실패자의 공간	요셉과 그의 가족, 이집트를 구원할 원대한 계획의 인큐베이터

VII. 마무리

- 기도로 마무리한다.
- 제9주 관찰문제를 예습해 오도록 한다.
- 실천 과제를 제시한다.

 생활의 아로마 - 실천

예1) 나를 사로잡고 있는 것 한 가지를 하나님께 내려 놓는 기회를 갖도록 한다.

　 2) 일주일 동안 나는 과연 형통한 사람인가 묵상하도록 한다.

쨍하고 해 뜰 날

창세기 41:37-57

1. 하나님은 약속을 반드시 성취하시는 신실하신 분이심을 알 수 있다.

KEYWORD 보상, 신실하심

Ⅰ. 찬양과 기도

Ⅱ. 지난주 실천 과제 나눔

Ⅲ. 복습문제 풀이

 복습

1 요셉이 애굽왕 바로의 신하 친위대장의 집에서 가정총무가 될 수 있었던 이유는 무엇이며, 감옥에서 간수장의 은혜를 입게 된 이유는 무엇인가?(창 39:2-5, 21-23)

하나님께서 함께 하셨다, 보디발과 간수장의 인정을 받았다. 요셉이 열심히 일했다.

41:37 바로와 그의 모든 신하가 이 일을 좋게 여긴지라 38 바로가 그의 신하들에게 이르되 이와 같이 하나님의 영에 감동된 사람을 우리가 어찌 찾을 수 있으리요 하고 39 요셉에게 이르되 하나님이 이 모든 것을 네게 보이셨으니 너와 같이 명철하고 지혜 있는 자가 없도다 40 너는 내 집을 다스리라 내 백성이 다 네 명령에 복종하리니 내가 너보다 높은 것은 내 왕좌뿐이니라 41 바로가 또 요셉에게 이르되 내가 너를 애굽 온 땅의 총리가 되게 하노라 하고 42 자기의 인장 반지를 빼어 요셉의 손에 끼우고 그에게 세마포 옷을 입히고 금 사슬을 목에 걸고 43 자기에게 있는 버금 수레에 그를 태우매 무리가 그의 앞에서 소리 지르기를 엎드리라 하더라 바로가 그에게 애굽 전국을 총리로 다스리게 하였더라 44 바로가 요셉에게 이르되 나는 바로라 애굽 온 땅에서 네 허락이 없이는 수족을 놀릴 자가 없으리라 하고 45 그가 요셉의 이름을 사브낫바네아라 하고 또 온의 제사장 보디베라의 딸 아스낫을 그에게 주어 아내로 삼게 하니라 요셉이 나가 애굽 온 땅을 순찰하니라 46 요셉이 애굽 왕 바로 앞에 설 때에 삼십 세라 그가 바로 앞을 떠나 애굽 온 땅을 순찰하니 47 일곱 해 풍년에 토지 소출이 심히 많은지라 48 요셉이 애굽 땅에 있는 그 칠 년 곡물을 거두어 각 성에 저장하되 각 성읍 주위의 밭의 곡물을 그 성읍 중에 쌓아 두매 49 쌓아 둔 곡식이 바다 모래 같이 심히 많아 세기를 그쳤으니 그 수가 한이 없음이었더라 50 흉년이 들기 전에 요셉에게 두 아들이 나되 곧 온의 제사장 보디베라의 딸 아스낫이 그에게서 낳은지라 51 요셉이 그의 장남의 이름을 므낫세라 하였으니 하나님이 내게 내 모든 고난과 내 아버지의 온 집 일을 잊어버리게 하셨다 함이요 52 차남의 이름을 에브라임이라 하였으니 하나님이 나를 내가 수고한 땅에서 번성하게 하셨다 함이었더라 53 애굽 땅에 일곱 해 풍년이 그치고 54 요셉의 말과 같이 일곱 해 흉년이 들기 시작하매 각국에는 기근이 있으나 애굽 온 땅에는 먹을 것이 있더니 55 애굽 온 땅이 굶주리매 백성이 바로에게 부르짖어 양식을 구하는지라 바로가 애굽 모든 백성에게 이르되 요셉에게 가서 그가 너희에게 이르는 대로 하라 하니라 56 온 지면에 기근이 있으매 요셉이 모든 창고를 열고 애굽 백성에게 팔새 애굽 땅에 기근이 심하며 57 각국 백성도 양식을 사려고 애굽으로 들어와 요셉에게 이르렀으니 기근이 온 세상에 심함이었더라

건너 뛴 장 요약

40장
요셉이 감옥에서 바로의 술 맡은 자와 떡 굽는 자의 꿈을 해석

41:1-36

술 맡은 관원장이 요셉을 잊고 있다가 2년 후 바로의 꿈 해석을 위해 기억함

V. 관찰문제의 바른 답

 말씀 돋보기 - 관찰

1 요셉은 바로와 그의 신하들에게 어떤 칭송을 받았는가?(창 41:39)

하나님의 영에 감동된 자, 명철하고 지혜 있는 자

> **Tip**
> 바로와 그의 신하들은 요셉의 꿈 해몽과 제안을 듣고 큰 감동을 받았다. 그래서 요셉을 '하나님의 영'에 감동된 사람이라고 극찬했으며, 지혜와 명철이 있는 자라고 칭송했다. 성경에서 '하나님의 영에 감동된 자'로 묘사되는 사례는 요셉이 처음이다. 바로가 요셉의 능력을 인정했을 뿐만 아니라 요셉이 주장한 대로 하나님께서 그와 함께 하심을 인정하게 된 것이다.

2 바로는 요셉을 애굽 총리로 세우면서 무엇을 주었는가?(창 41:42-43)

인장 반지, 세마포, 금 목걸이, 버금 수레

> **Tip**
>

〈요셉에게 준 바로의 하사품과 권위〉

하사품	상징	용도 및 의미
인장 반지	왕의 권위	칙령이나 문서를 왕의 이름으로 만들어 보낼 때 필요
세마포	총리의 옷	특별한 사람들만 입는 옷
금 목걸이	부귀를 얻음	누구를 환영하거나 높은 지위로 임명할 때
버금 수레	왕의 전용 리무진	모든 사람들이 요셉을 대할 때 바로를 대하듯이
권위 부여	절대적 권위	애굽 땅에서 요셉의 허락 없는 수족을 놀릴 자 없음

위와 같은 것을 받았지만 이것은 부수적인 것이고, 가장 큰 축복은 하나님께서 함께 하심이다.

3 바로가 요셉에게 준 이름은 무엇이었으며, 요셉이 바로 앞에 설 때 나이는 몇 세였는가?(창 41:45, 46)

사브낫바네아, 30세

 바로는 자신이 숭배하는 신을 염두에 두고 요셉에게 '사브낫바네아'라는 이름을 주었다. 그러나 여호와를 믿는 요셉에게 이 이름은 해몽과 제안을 통해 하나님의 말씀을 대언한 하나님의 살아계심을 보여준 일에 대한 간증을 뜻하는 의미있는 이름이다. 요셉의 나이 30세였고, 이집트로 팔려 온지 14년째 되던 해였다. 하나님께서 가장 낮은 자(노예-죄인)였던 요셉을 가장 존귀한 자로 한순간에 승진시키셨다.

〈이름과 의미〉

이름		의미
요셉	사브낫바네아	하나님께서 말씀하셨고 그는 살아계신다
아내	아스낫	여신 낫에 속한 여자
첫째 아들	므낫세	하나님이 내게 내 모든 고난과 내 아버지의 온 집 일을 잊어 버리게 하셨다
둘째 아들	에브라임	하나님이 나를 내가 수고한 땅에서 번성하게 하셨다

4 요셉의 아들의 이름은 그의 신앙고백과 같다. 그 의미는 무엇인가?(창 41:51, 52)

므낫세 : 하나님이 내게 내 모든 고난과 내 아버지의 온 집 일을 잊어 버리게 하셨다.
에브라임 : 하나님이 나를 내가 수고한 땅에서 번성하게 하셨다.

 므낫세는 "하나님이 내게 내 모든 고난과 내 아버지의 온 집 일을 잊어 버리게 하셨다"이며, 둘째 아들 에브라임은 "하나님이 나를 내가 수고한 땅에서 번성하게 하셨다"라는 의미를 가지고 있다.

5 요셉의 흉년 대처법은 무엇이었는가?(창 41:47-49, 55-57)

풍년시: 곡식을 거두어 들여 여러 성읍에 저장해 두었다.
흉년시: 쌓아둔 곡식을 팔았다.

 요셉은 풍년이 든 7년 동안 곡식을 거두어 들여 여러 성읍에 저장해 두었다.

저장했던 양이 얼마나 많았는지 나중에는 계산이 되지 않을 정도였다. 그리고 흉년이 시작되던 해부터 쌓아 둔 곡식을 풀기 시작했다. 요셉은 모든 백성에게 곡식을 팔았고, 이집트뿐만 아니라 온 지역에 기근이 들어 인접 국가들에서도 이집트로 식량을 사러 왔다. 요셉의 지혜로운 대책은 국제 무대에서 이집트의 위치가 부상하고 또한 동시에 많은 부를 누릴 수 있게 하는 일석이조의 결과를 가져왔다.

VI. 적용과 나눔

 ## 삶의 내비게이션 - 적용

1 요셉은 아침에는 감옥에서 죄수로 깨어났다가 저녁에는 이집트의 국무총리로 하루를 마감한다. 당신은 어떤 모습으로 변하고 싶은가?

관찰문제 2번 참고. 요셉은 죄인의 옷을 벗고 특별한 사람만이 입을 수 있는 세마포를 입었다. 국무총리의 옷을 입은 것이다. 우리는 누구나 이런 꿈을 꾼다. 자고 일어나면 다른 세상에 있는 꿈, 또는 당면한 문제가 해결된 다음날이 된 꿈, 공주나 왕자가 되거나, 재벌가의 자녀가 되는 꿈, 한류 스타가 되는 꿈 등.

각자 요셉처럼 될 수 있다면 어떤 모습이 되고 싶은지 이야기 나누어 보도록 한다.

2 요셉은 가는 곳마다 최선을 다해서 열심히 일했고, 좋은 평가를 받았다. 당신은 다른 사람들에게 어떻게 묘사되고 있으며, 어떻게 일하고 있는가?

관찰문제 1번 참고. 요셉은 바로와 그의 신하들에게 '하나님의 영에 감동된 자', '명철하고 지혜를 겸비한 자'라는 평가를 받는다. 각자의 삶 속에서도 이와 같은 평가를 받을 수 있을 것이다. 또는 정반대의 평가를 받고 있는 사람도 있을 것이다. 각자 어떤 평가를 받고 있는지 이야기를 나누어 본다. 만일 자신에 대해 묘사하기가 어렵다면 옆 사람(오른편 혹은 왼편)을 묘사해 보도록 한다. 예를 들면 꼼꼼하다든지, 긍정적이라든지.

또한 요셉은 노예의 신분이든, 죄인의 신분이든 어떤 자리에서도 최선을 다하는 모습을 볼 수 있다. 그러므로 크리스천은 자신의 직장이 바로 사역지라는 사실을 명심하고 최선을 다하는 자세가 필요하다. 그러나 한국의 크리스천들은 거룩한 것과 속된 것을 너무 구분하는 경향이 있어 자신의 직장의 일을 소홀히 여기는 경우가 있다.

인도자는 각자 가정에서, 직장에서, 모임에서 어떤 모습으로 일하고 있는지 스스로 돌아볼 수 있도록 돕는다. 요셉의 경우처럼 어떤 자리에서도 열심히 섬기는 모습이 되도록 피드백을 나누어 보도록 한다.

3 모든 사람들은 축복과 번영을 바라지만 요셉처럼 형들에 의해 물구덩이로 내려가고, 노예가 되어 이집트로 내려가고, 다시 죄인이 되어 감옥으로 내려가기도 한다. 그러나 우리는 요셉의 인생이 결국에는 올라간다 것을 알고 있다. 이 사실이 당신에게 주는 소망은 무엇인가?

관찰문제 2번, 3번 참고. 인생이 늘 올라가는 인생이면 얼마나 행복하겠는가. 그러나 올라가는 인생보다는 내려가는 인생이 더 많은 것이 현실이다. 더 이상 나빠질 것이 없다고 생각하지만 더 나빠지는 경우도 있다. 이게 끝이기를 기대하지만 요셉처럼 감옥과 같은 상황을 경험할 수도 있다. 오늘을 사는 크리스천들은 이러한 답답함을 누구에게도 호소하지 못하는 경우도 많다. 그러나 요셉의 마지막은 화려한 총리의 삶이다.

각자가 이 사실이 어떤 위로나 소망을 주는지 이야기를 나누어 본다. 자신의 아픔을 솔직하게 이야기하는 것은 어려울 수 있다. 그러므로 인도자는 너무 깊은 이야기까지 말하도록 하지 말고, 위로와 소망에 초점을 맞추어 이야기를 나누도록 돕는다.

Ⅶ. 마무리

- 기도로 마무리한다.
- 제10주 관찰문제를 예습해 오도록 한다.
- 실천 과제를 제시한다.

 생활의 아로마 - 실천

예1) 일주일 동안 직장을 사역지로 생각하고 교회에서처럼 부드럽게 말하기를 실천한다.

2) 현재 실패한 것 같은 주변 사람 한 명 이상에게 요셉의 이야기를 들려주어 희망을 가질 수 있도록 한다.

한 사람 여기

창세기 42:1-25

학습목표

1. 한 순간의 잘못으로 인해 20여 년을 죄책감에 시달리며 후회할 수 있다. 그러므로 후회 없는 삶을 살기 위해서 실천해야 하는 것이 무엇인지 알 수 있다.
2. 하나님께 속한 한 사람의 중요성을 알 수 있다.

KEYWORD 죄책감, 한 사람, 후회

Ⅰ. 찬양과 기도

Ⅱ. 지난주 실천 과제 나눔

Ⅲ. 복습문제 풀이

 복습

1 요셉은 바로와 그의 신하들에게 어떤 칭송을 받았는가?(창 41:39)

하나님의 영에 감동된 자, 명철하고 지혜 있는 자

42:1 그 때에 야곱이 애굽에 곡식이 있음을 보고 아들들에게 이르되 너희는 어찌하여 서로 바라보고만 있느냐 2 야곱이 또 이르되 내가 들은즉 저 애굽에 곡식이 있다 하니 너희는 그리로 가서 거기서 우리를 위하여 사오라 그러면 우리가 살고 죽지 아니하리라 하매 3 요셉의 형 열 사람이 애굽에서 곡식을 사려고 내려갔으나 4 야곱이 요셉의 아우 베냐민은 그의 형들과 함께 보내지 아니하였으니 이는 그의 생각에 재난이 그에게 미칠까 두려워함이었더라 5 이스라엘의 아들들이 양식 사러 간 자 중에 있으니 가나안 땅에 기근이 있음이라 6 때에 요셉이 나라의 총리로서 그 땅 모든 백성에게 곡식을 팔더니 요셉의 형들이 와서 그 앞에서 땅에 엎드려 절하매 7 요셉이 보고 형들인 줄을 아나 모르는 체하고 엄한 소리로 그들에게 말하여 이르되 너희가 어디서 왔느냐 그들이 이르되 곡물을 사려고 가나안에서 왔나이다 8 요셉은 그의 형들을 알아보았으나 그들은 요셉을 알아보지 못하더라 9 요셉이 그들에게 대하여 꾼 꿈을 생각하고 그들에게 이르되 너희는 정탐꾼들이라 이 나라의 틈을 엿보려고 왔느니라 10 그들이 그에게 이르되 내 주여 아니니이다 당신의 종들은 곡물을 사러 왔나이다 11 우리는 다 한 사람의 아들들로서 확실한 자들이니 당신의 종들은 정탐꾼이 아니니이다 12 요셉이 그들에게 이르되 아니라 너희가 이 나라의 틈을 엿보러 왔느니라 13 그들이 이르되 당신의 종 우리들은 열두 형제로서 가나안 땅 한 사람의 아들들이라 막내 아들은 오늘 아버지와 함께 있고 또 하나는 없어졌나이다 14 요셉이 그들에게 이르되 내가 너희에게 이르기를 너희는 정탐꾼들이라 한 말이 이것이니라 15 너희는 이같이 하여 너희 진실함을 증명할 것이라 바로의 생명으로 맹세하노니 너희 막내 아우가 여기 오지 아니하면 너희가 여기서 나가지 못하리라 16 너희 중 하나를 보내어 너희 아우를 데려오게 하고 너희는 갇히어 있으라 내가 너희의 말을 시험하여 너희 중에 진실이 있는지 보리라 바로의 생명으로 맹세하노니 그리하지 아니하면 너희는 과연 정탐꾼이니라 하고 17 그들을 다 함께 삼 일을 가두었더라 18 사흘 만에 요셉이 그들에게 이르되 나는 하나님을 경외하노니 너희는 이같이 하여 생명을 보전하라 19 너희가 확실한 자들이면 너희 형제 중 한 사람만 그 옥에 갇히게 하고 너희는 곡식을 가지고 가서 너희 집안의 굶주림을 구하고 20 너희 막내 아우를 내게로 데리고 오라 그러면 너희 말이 진실함이 되고 너희가 죽지 아니하리라 하니 그들이 그대로 하니라 21 그들이 서로 말하되 우리가 아우의 일로 말미암아 범죄하였도다 그가 우리에게 애걸할 때에 그 마음의 괴로움을 보고도 듣지 아니하였으므로 이 괴로움이 우리에게 임하도다 22 르우벤이 그들에게 대답하여 이르되 내가 너희에게 그 아이에 대하여 죄를 짓지 말라고 하지 아니하였더냐 그래도 너희가 듣지 아니하였느니라 그러므로 그의 핏값을 치르게 되었도다 하

니 ²³ 그들 사이에 통역을 세웠으므로 그들은 요셉이 듣는 줄을 알지 못하였더라 ²⁴ 요셉이 그들을 떠나가서 울고 다시 돌아와서 그들과 말하다가 그들 중에서 시므온을 끌어내어 그들의 눈 앞에서 결박하고 ²⁵ 명하여 곡물을 그 그릇에 채우게 하고 각 사람의 돈은 그의 자루에 도로 넣게 하고 또 길 양식을 그들에게 주게 하니 그대로 행하였더라

 말씀 돋보기 - 관찰

1 야곱이 아들들을 애굽으로 보내면서 베냐민을 보내지 않은 이유는 무엇인가?(창 42:4)

베냐민에게 재난이 미칠까 염려되어서

 베냐민은 야곱이 사랑했던 라헬의 아들로, 아버지의 각별한 사랑을 받았다. 야곱은 이미 요셉을 잃은 상황에서 만의 하나 베냐민도 잘못될까봐 걱정되었을 것이다. 저자는 야곱이 요셉의 묘연한 행방에 대해 다른 아들들이 연루되어 있음을 조금이나마 의심하고 있다는 것을 암시하고 있다. 그가 아들들에게 하는 말을 잘 살펴보면 '나는 너희들이 베냐민에게 무슨 짓을 할까봐 못 믿겠다'라는 뉘앙스가 내포되어 있다. 베냐민은 야곱이 가나안 땅으로 돌아온 후에 태어난 것을 감안하면 아마도 25-30세 정도였을 것으로 생각된다.

2 요셉의 형들은 20여 년 만에 완전히 변한 요셉을 알아보지 못했다. 형들이 요셉에게 절을 하자 요셉이 생각한 것은 무엇인가?(창 42:9)

요셉은 옛날에 꾼 꿈이 생각났다.

 요셉의 형들은 이집트에 도착하여 곡식을 사려고 총리를 찾아 요셉에게 큰 절을 했다. 요셉은 형들을 알아보았지만 그들은 총리가 요셉인 줄은 꿈에도 생각하지 못했으며, 그를 보고도 알아보지 못했다. 요셉의 이름도 바뀌었고, 의상도 바뀌었고, 심지어는 머리 스타일까지 바뀐데다가 이집트어를 사용하고 있었으니 형들이 그를 알아보지 못하는 것은 당연한 일이었다. 요셉은 자기에게 절하는 형들을 보자 옛날에 꾸었던 꿈이 생각났다. 형제들이 20여 년

전 동생 요셉을 상인들에게 팔아 성취되는 것을 막으려 했던 그 꿈을 자신들도 모르게 조금씩 성취시키고 있는 것이다.

3 요셉은 형들을 정탐꾼으로 몰면서 반증할 수 있는 방법을 제시하는데, 그것은 무엇인가?(창 42:15)

막내 아우를 데려오라.

 요셉은 그들에게 자신들이 정탐꾼이 아니라는 것을 입증하는 길은 오직 한 가지라고 했다. 그들이 더 이상 자신들과 함께 있지 않다고 말한 형제는 어쩔 수 없지만, 집에 두고 왔다고 한 형제 막내 아우를 이집트로 데려오라는 것이다. 이 이야기는 한 사람의 중요성을 중심으로 전개되고 있다. 다음의 예를 보라.

- **한 사람**
  한 사람만 고향으로 돌아가라
  한 형제를 데리고 오라
  한 사람만 인질로 남아라(19–20)
  하나만 죽었다(14)
  노예로 팔아버린 한 형제(21)
  한 동생이 울었다(24)

4 베냐민을 데려오라는 제안에 형들이 더 괴로워 한 이유는 무엇인가?
(창 42:4, 21)

a) 베냐민에게 재난이 생길 것을 염려해서

b) 야곱이 베냐민을 보내지 않을 것이라 생각해서

 요셉의 절충안을 듣고 난 형들은 안도의 한숨을 쉬는 것이 아니라 오히려 더 큰 일을 당한 것처럼 괴로워하며, 마음속에 쌓여 있던 지난 날에 대한 죄책감을 털어 놓는다. 이들이 베냐민을 데려오라는 요셉의 제안에 괴로워 한 이유는 첫째 베냐민을 데려온 후 어떤 일이 일어날지 모르기 때문이다. 만약 요셉이 다른 꼬투리를 잡아 베냐민을 보내지 않거나 그들 모두를 처형한다고 해도 말릴 사람은 없다. 둘째 야곱이 베냐민을 보내 주지 않을 것이라는 생각이 지배적이다. 그들은 야곱이 자신들을 믿지 못하고 또한 베냐민을 끔찍하게 사랑하기 때문에 그를 쉽게 보내지 않을 것임을 잘 알고 있었다.

5 요셉을 판 일에 대해서 르우벤과 형제들의 대화를 볼 때 지난 20여 년 간의 그들의 마음은 어떠했겠는가?(창 42:21-22)

죄책감에 시달림

 요셉의 형제들은 요셉을 팔아 넘긴 것은 사실이지만 그 이후 그들은 모두 죄책감에 시달렸다. 어려운 일이 생길 때마다 마치 요셉의 일에 대한 대가를 치르는 것으로 생각해 왔을 것이다. 이들은 순간적으로 동생이 미워서 그를 팔아 넘겼지만 그들에게도 양심이 남아있어서 지난 20여 년의 세월이 결코 마음 편한 시간은 아니었으며 언제나 조마조마했을 것이다.

VI. 적용과 나눔

 삶의 내비게이션 - 적용

1 형들은 요셉의 변한 모습을 알아보지 못했다. 당신의 20년(혹은 10년) 전과 비교해 봤을 때 가장 큰 변화는 무엇인가?

관찰문제 2번 참고. 모든 것이 변한 요셉을 형들이 알아보지 못한 것처럼 각자의 변한 모습에 사람들이 알아보지 못하는 것은 무엇이 있는지 생각해 보도록 한다.

예) 외모의 변화—머리 숱, 주름, 몸무게, 성형

자녀의 변화—자녀의 유무

신앙 생활의 변화—불신자에서 신자로, 또는 종교인에서 신앙인으로

성격의 변화—내향적에서 외향적으로 소극적에서 적극적으로

작게는 외모에서부터 다양한 변화에 대해 이야기를 나누어 보도록 한다.

인도자는 서로가 편한 분위기에서 이야기하도록 돕는다. 그러나 한 사람이 너무 오래 이야기하거나 소외되는 사람이 없도록 살피며, 이 문제로 시간을 오래 끌지 않도록 한다.

2 치유를 위해 건강한 울음은 필요하다. 당신은 울고 싶은데 절제하고 있는 것이 있는가?

창 42:24 참고. 요셉은 형들을 만나고 지난날의 설움과 억울했던 나날들로 인해 형

들을 피해 나가서 한참을 운다. 울음은 마음 속에 있는 복잡한 감정들이 정화되는 과정이다. 희로애락이 적절히 표현되어야 건강한 것이다. 요셉의 경우를 보면 믿음이 강하다고 형통하다고 해서 기쁨만 있는 것은 아니다. 하나님 뜻에 합당하더라도 아픔과 고통이 함께 할 수 있다.

각자가 울고 싶은데 절제하고 있는 것은 무엇인지 이야기를 나누어 보도록 한다. 사소한 문제일 수도 있고, 심각한 문제일 수도 있다. 결코 타인이 울고 싶은 일에 대해 평가하거나 판단하지 않도록 인도자는 돕는다. 각자의 상황과 형편이 다르므로 울고 싶은 상황도 다를 것이다.

3 형들은 20여 년 전의 죄로 인해 후회하고 괴로워한다. 당신이 20여 년 후에 후회하지 않으려면 절제해야 하는 것은 무엇인가?

관찰문제 5번 참고. 요셉의 형들은 20여 년 전의 일로 괴로워하며 핏값을 치르게 되었다고 말한다. 해결되지 못한 일은 언젠가는 분명히 해결해야 한다는 사실을 잘 보여 준다. 당장은 아무 염려가 없더라도 죄를 지으면 형벌이 판결되기 전부터 불안, 초조, 후회와 두려움으로 괴로워한다. 그리고 그 죄가 부메랑이 되어 언젠가는 죗값을 치르게 된다.

요셉의 형들이 미움으로 비롯된 잘못으로 인해 20여 년을 괴로워했던 것처럼 각자가 후회하지 않고, 괴로워하지 않으려면 절제하거나 멈추어야 하는 일은 무엇이 있는지 이야기를 나누어 본다. 비록 살인이나 도둑질 같은 일이 아니라도 양심의 가책을 느끼는 부분에 대해 이야기를 나누도록 한다.

Ⅶ. 마무리

- 기도로 마무리한다.
- 제11주 관찰문제를 예습해 오도록 한다.
- 실천 과제를 제시한다.

 생활의 아로마 - 실천

예1) 자신에게 가장 소중한 한 사람을 찾아보고 연락하도록 한다.

  2) 20년 후를 위해 고민하는 유혹들을 정리하는 결단을 한다.

    - 멈추거나 추진해야 하는 것 작성하기

더불어 사는 세상

창세기 45:1-28

학습목표

1. 한 사람을 통한 이스라엘 민족의 구원과 하나님의 예비하심을 알 수 있다.
2. 진정한 회개는 일방적인 것이 아닌 상대방의 진정한 용서와 화해가 동반되어야 함을 알 수 있다.

KEYWORD 은혜, 용서

Ⅰ. 찬양과 기도

Ⅱ. 지난주 실천 과제 나눔

Ⅲ. 복습문제 풀이

 복습

1 요셉을 판 일에 대해서 르우벤과 형제들의 대화를 볼 때 지난 20여 년 간의 그들의 마음은 어떠했겠는가?(창 42:21-22)

죄책감에 시달렸다.

^{45:1} 요셉이 시종하는 자들 앞에서 그 정을 억제하지 못하여 소리 질러 모든 사람을 자기에게서 물러가라 하고 그 형제들에게 자기를 알리니 그 때에 그와 함께 한 다른 사람이 없었더라 ² 요셉이 큰 소리로 우니 애굽 사람에게 들리며 바로의 궁중에 들리더라 ³ 요셉이 그 형들에게 이르되 나는 요셉이라 내 아버지께서 아직 살아 계시니이까 형들이 그 앞에서 놀라서 대답하지 못하더라 ⁴ 요셉이 형들에게 이르되 내게로 가까이 오소서 그들이 가까이 가니 이르되 나는 당신들의 아우 요셉이니 당신들이 애굽에 판 자라 ⁵ 당신들이 나를 이 곳에 팔았다고 해서 근심하지 마소서 한탄하지 마소서 하나님이 생명을 구원하시려고 나를 당신들보다 먼저 보내셨나이다 ⁶ 이 땅에 이 년 동안 흉년이 들었으나 아직 오 년은 밭갈이도 못하고 추수도 못할지라 ⁷ 하나님이 큰 구원으로 당신들의 생명을 보존하고 당신들의 후손을 세상에 두시려고 나를 당신들보다 먼저 보내셨나니 ⁸ 그런즉 나를 이리로 보낸 이는 당신들이 아니요 하나님이시라 하나님이 나를 바로에게 아버지로 삼으시고 그 온 집의 주로 삼으시며 애굽 온 땅의 통치자로 삼으셨나이다 ⁹ 당신들은 속히 아버지께로 올라가서 아뢰기를 아버지의 아들 요셉의 말에 하나님이 나를 애굽 전국의 주로 세우셨으니 지체 말고 내게로 내려오사 ¹⁰ 아버지의 아들들과 아버지의 손자들과 아버지의 양과 소와 모든 소유가 고센 땅에 머물며 나와 가깝게 하소서 ¹¹ 흉년이 아직 다섯 해가 있으니 내가 거기서 아버지를 봉양하리이다 아버지와 아버지의 가족과 아버지께 속한 모든 사람에게 부족함이 없도록 하겠나이다 하더라고 전하소서 ¹² 당신들의 눈과 내 아우 베냐민의 눈이 보는 바 당신들에게 이 말을 하는 것은 내 입이라 ¹³ 당신들은 내가 애굽에서 누리는 영화와 당신들이 본 모든 것을 다 내 아버지께 아뢰고 속히 모시고 내려오소서 하며 ¹⁴ 자기 아우 베냐민의 목을 안고 우니 베냐민도 요셉의 목을 안고 우니라 ¹⁵ 요셉이 또 형들과 입맞추며 안고 우니 형들이 그제서야 요셉과 말하니라 ¹⁶ 요셉의 형들이 왔다는 소문이 바로의 궁에 들리매 바로와 그의 신하들이 기뻐하고 ¹⁷ 바로는 요셉에게 이르되 네 형들에게 명령하기를 너희는 이렇게 하여 너희 양식을 싣고 가서 가나안 땅에 이르거든 ¹⁸ 너희 아버지와 너희 가족을 이끌고 내게로 오라 내가 너희에게 애굽의 좋은 땅을 주리니 너희가 나라의 기름진 것을 먹으리라 ¹⁹ 이제 명령을 받았으니 이렇게 하라 너희는 애굽 땅에서 수레를 가져다가 너희 자녀와 아내를 태우고 너희 아버지를 모셔 오라 ²⁰ 또 너희의 기구를 아끼지 말라 온 애굽 땅의 좋은 것이 너희 것임이니라 ²¹ 이스라엘의 아들들이 그대로 할새 요셉이 바로의 명령대로 그들에게 수레를 주고 길 양식을 주며 ²² 또 그들에게 다 각기 옷 한 벌씩을 주되 베냐민에게는 은 삼백과 옷 다섯 벌을 주고 ²³ 그가 또 이와 같이 그 아버지에게 보내되 수나귀 열 필에 애굽의 아름다운 물품을 실리고 암나귀 열 필에는 아버지에게 길에서 드릴 곡식과 떡과 양식을 실

리고 24 이에 형들을 돌려보내며 그들에게 이르되 당신들은 길에서 다투지 말라 하였더라 25 그들이 애굽에서 올라와 가나안 땅으로 들어가서 아버지 야곱에게 이르러 26 알리어 이르되 요셉이 지금까지 살아 있어 애굽 땅 총리가 되었더이다 야곱이 그들의 말을 믿지 못하여 어리둥절 하더니 27 그들이 또 요셉이 자기들에게 부탁한 모든 말로 그에게 말하매 그들의 아버지 야곱은 요셉이 자기를 태우려고 보낸 수레를 보고서야 기운이 소생한지라 28 이스라엘이 이르되 족하도다 내 아들 요셉이 지금까지 살아 있으니 내가 죽기 전에 가서 그를 보리라 하니라

건너 뛴 장 요약

43장

요셉의 형제들이 두 번째 이집트에 도착하여 요셉을 만남

44장

떠나는 형들을 테스트하는 요셉과 베냐민을 대신하고자 하는 유다의 이야기

V. 관찰문제의 바른 답

 말씀 돋보기 - 관찰

1 자신의 신분을 밝힌 요셉은 형들을 안심시키기 위해서 어떻게 말했는가?(창 45:5)

하나님께서 생명을 구원하시기 위해 나를 당신들보다 먼저 보내셨으니 근심하지 말라.

 감정을 억제하지 못하고 한참 동안 울던 요셉은 형들에게 자신의 정체를 밝힌다. 그리고 "하나님이 큰 구원으로 당신들의 생명을 보존하고 당신들의 후손을 세상에 두시려고 나를 당신들보다 먼저 보내셨다"라고 말한다. 요셉은 모두를 살리기 위해 하나님께서 하신 일이라고 고백한다. 그의 고백은 마음 속 깊은 곳에서 우러 나오는 확신에 찬 믿음의 고백이었다. 하나님은 형제들의 부끄러움을 은혜로 가려 주시고, 요셉은 형제들의 잘못을 용서로 안아 주었다.

2 요셉은 왜 형들에게 아버지와 모든 식구들을 이집트로 모셔와 고센 지역에 살도록 권면하는가?(창 45:11)

흉년이 아직도 다섯 해 남아 있어서 기근에 대비하고자

 요셉은 앞으로도 5년간 지속될 기근에 대비하고자 이집트로 모두 내려올 것을 권면하고 있다. 바로가 아직 요셉의 가족들에게 이 땅에 대해 언급하지 않은 상황에서 요셉이 이 지역을 지명하는 것은 그가 오래 전부터 가족에 대한 계획을 세우고 있었음을 암시한다. 고센 지역의 정확한 위치는 아직도 논란의 대상이지만 대체로 나일 델타의 동쪽에 있었던 것이 확실하다.

• **고센 땅의 의미: 이집트의 주류사회와 격리된 거리**
  1) 목축업을 할 것임
  2) 정치적 사회적 야망이 없음
  3) 이집트인들과 결혼하는 일 없음을 선언
  4) 풀이 많았으며 물이 풍부함
  5) 이집트 사람들의 특정한 간섭이나 제한을 받지 않고 살 수 있음
  6) 이스라엘인의 정체성을 지킬 수 있음

3 바로가 요셉의 형들이 왔다는 소식을 듣고 베푼 하사품과 요셉에 대한 보답은 무엇인가?(창 45:17-23)

수레와 아름다운 물품

 바로는 야곱과 그의 가족들이 타고 이집트로 내려 올 수 있도록 수레를 보낸다. 또한 이집트에서 생산되는 온갖 진귀한 물건들도 야곱에게 선물로 보냈다. 그동안 바로는 요셉 덕분에 상상할 수 없는 부를 누리고 있었을 뿐만 아니라, 기근이라는 범 국제적 위기 상황에서 이집트의 위상을 높이고, 자신의 통치를 더욱 확고히 하고 있었던 것이다. 그는 은인인 요셉에게 무언가를 해 주고 싶었는데 이것이 좋은 기회가 되었을 것이다.

4 요셉은 형제들에게 선물을 하는데 그것은 무엇이며, 어떤 의미가 있는가?(창 45:21-23)

형들에게 옷 한 벌씩 줌
요셉을 판 형제들과의 일로 비롯된 슬픔과 아픔의 종료를 의미한다.

요셉은 형들에게 새 옷 한 벌씩 주고 베냐민에게 은돈 300세겔과 옷 다섯 벌을 주었다.

- 형들에게 옷 한 벌씩 – 옷을 빼앗았던 형들에게 옷을 하사함

  형들을 인정한다는 신분 변화의 의미

  요셉을 판 형제들과의 일로 비롯된 슬픔과 아픔의 종료를 의미
- 베냐민에게 은 300세겔(한 사람의 30년 봉급)과 옷 다섯 벌

5 요셉의 소식을 들은 야곱의 반응은 어떠했는가?(창 45:27, 28)

기운이 소생하여, 죽기 전에 보기를 원했다.

 요셉이 살아있다는 소식에 야곱은 "내가 죽기 전에 가서 그를 보리라"고 다짐했다. 요셉의 꿈 이야기를 마음에 새겼던 야곱(37:11)은 요셉이 살아있다는 소식을 듣고 늙은 몸과 마음에 활기와 새로운 의욕이 생겼다.

VI. 적용과 나눔

 삶의 내비게이션 - 적용

1 요셉은 어릴 때 형들에게 채색 옷을 빼앗겼는데 이제 옷을 선물한다. 당신의 과거에 작은 것이지만 크게 느껴진 상징적인 것은 어떤 것이 있는가?

관찰문제 4번 참고. 형제가 많은 경우에는 옷을 물려 입는 일이 보통이었다. 그래서 동생들은 늘 새 옷을 입는 언니나 형이 못마땅했다. 또 학용품도 마찬가지다. 과거의 다양한 경험을 이야기해 보도록 한다. 그것이 부모님의 편애일 수도 있지만 가정 형편 때문일 수도 있을 것이다. 그 부분에 대해서는 어떻게 생각하는지도 함께 말해 보도록 한다.

예) 음식물, 간식, 요쿠르트, 계란, 학용품 등

---

2 요셉은 형들을 진심으로 용서한다. 지금 당신이 하나님의 은혜로 용서하고 싶은 사람이나 일은 무엇이 있는가?

관찰문제 1번 참고. 타인을 진심으로 용서하는 일은 어려운 일이다. 용서했다고 생각하지만 앙금이 남아 있어, 같은 상황에 이르면 다시 폭발하거나 미워하기가 쉽다. 이렇게 볼 때 요셉은 정말 대단한 인물이다. 형들을 진심으로 용서할 뿐만 아니라 하나님께서 왜 그렇게 하셨는가를 내다보는 안목을 가진 인물이다.

각자 나의 힘으로는 용서하기가 어렵다면 하나님의 은혜로 용서하고 싶은 사람이나 일에는 무엇이 있는지 이야기를 나누어 보도록 한다. 이야기 나누기 어려운 부분이므로 구체적인 내용보다는 인물이나 사건과 간단한 이야기 정도로 나누도록 인도자는 돕는다.

3 요셉의 이야기를 야곱에게 전하는 형제들은 이제는 시기와 질투보다 진정한 축하와 진심어린 기쁨으로 전하고 있다. 당신의 주변의 지인들 중 진심으로 축하해 줄 일은 무엇이 있는가?

관찰문제 5번 참고. 시기와 질투로 요셉을 팔아버린 형들이 이제는 요셉이 애굽의 총리가 되어 있다는 사실을 아버지에게 진정한 축하와 진심어린 기쁨으로 전하고 있다. 사람은 누구나 남이 잘되는 일에 함께 기뻐해 주는 것을 어색해 한다. 물론 겉으로는 축하한다고 말하지만 속으로는 '사촌이 땅을 사면 배가 아프다'는 속담이 있듯이 불편함을 감추고 있는 경우가 많다. 진심어린 축하에도 연습이 필요하다. 그러므로 주변에 진심으로 축하해 줄 일이 있는 사람이나 일에 대해 이야기를 나누어 보도록 하고, 축하의 메시지를 전하도록 돕는다.

VII. 마무리

- 기도로 마무리한다.
- 제12주 관찰문제를 예습해 오도록 한다.
- 실천 과제를 제시한다.

 생활의 아로마 - 실천

예1) 주위에 축하를 받아야 할 사람에게 진심으로 축하하는 전화를 하거나 만남을 갖도록 한다.

2) 용서해야 할 사람을 용서하도록 한다.

눈물의 영웅

창세기 50:15-26

---

1. 진정한 성공이 무엇인지 알 수 있다.
2. 유언을 통해 그 사람의 믿음을 알 수 있다.

KEYWORD 고독, 유언, 고향

I . 찬양과 기도

II . 지난주 실천 과제 나눔

III . 복습문제 풀이

 복습

1 자신의 신분을 밝힌 요셉은 형들을 안심시키기 위해서
어떻게 말했는가?(창 45:5)

하나님께서 생명을 구원하시기 위해 나를 당신들보다 먼저 보내셨으
니 근심하지 말라.

50:15 요셉의 형제들이 그들의 아버지가 죽었음을 보고 말하되 요셉이 혹시 우리를 미워하여 우리가 그에게 행한 모든 악을 다 갚지나 아니할까 하고 16 요셉에게 말을 전하여 이르되 당신의 아버지가 돌아가시기 전에 명령하여 이르시기를 17 너희는 이같이 요셉에게 이르라 네 형들이 네게 악을 행하였을지라도 이제 바라건대 그들의 허물과 죄를 용서하라 하셨나니 당신 아버지의 하나님의 종들인 우리 죄를 이제 용서하소서 하매 요셉이 그들이 그에게 하는 말을 들을 때에 울었더라 18 그의 형들이 또 친히 와서 요셉의 앞에 엎드려 이르되 우리는 당신의 종들이니이다 19 요셉이 그들에게 이르되 두려워하지 마소서 내가 하나님을 대신하리이까 20 당신들은 나를 해하려 하였으나 하나님은 그것을 선으로 바꾸사 오늘과 같이 많은 백성의 생명을 구원하게 하시려 하셨나니 21 당신들은 두려워하지 마소서 내가 당신들과 당신들의 자녀를 기르리이다 하고 그들을 간곡한 말로 위로하였더라 22 요셉이 그의 아버지의 가족과 함께 애굽에 거주하여 백십 세를 살며 23 에브라임의 자손 삼대를 보았으며 므낫세의 아들 마길의 아들들도 요셉의 슬하에서 양육되었더라 24 요셉이 그의 형제들에게 이르되 나는 죽을 것이나 하나님이 당신들을 돌보시고 당신들을 이 땅에서 인도하여 내사 아브라함과 이삭과 야곱에게 맹세하신 땅에 이르게 하시리라 하고 25 요셉이 또 이스라엘 자손에게 맹세시켜 이르기를 하나님이 반드시 당신들을 돌보시리니 당신들은 여기서 내 해골을 메고 올라가겠다 하라 하였더라 26 요셉이 백십 세에 죽으매 그들이 그의 몸에 향 재료를 넣고 애굽에서 입관하였더라

건너 뛴 장 요약

46장
요셉의 형제들이 두 번째 이집트에 도착하여 요셉을 만남

47장
야곱이 자손들과 함께 이집트, 바로가 준 땅에 정착함

48~49장
야곱이 요셉의 두 아들을 축복하고, 자신의 열두 아들을 축복함

말씀 돋보기 - 관찰

1 아버지 야곱이 죽은 후 형들이 두려워한 것은 무엇인가?(창 50:15)

요셉이 형들을 미워하여 그에게 행한 모든 악을 다 갚을까 염려

 요셉의 형제들은 요셉이 옛날 일로 인해 앙심을 품고 있었는데 아버지 때문에 그들을 해하지 못하다가 이제 아버지께서 돌아가셨으니 자신들을 해하면 어떻하냐고 걱정했다. 요셉의 형들은 그를 노예로 판 일로 인해 평생 죄책감에 시달렸다. 요셉은 이미 오래 전에 그들을 용서했지만 그들은 자신들을 용서하지 못한 것이다.

2 요셉의 반응은 어떠했는가?(창 50:17)

울었다.

 형들의 전갈은 아버지의 죽음으로 슬프고 공허했던 요셉을 또한번 울렸다. 형들은 "우리는 당신이 두렵습니다"라는 말을 했다. 요셉에게 형들의 말은 "우리는 당신과 같은 피를 나눈 동생으로 생각해 본 적이 없습니다. 당신은 우리에게 두려움과 공포를 조성하는 이집트 통치자입니다"라는 의미로 들렸을 것이다.

3 형들은 아버지의 부탁이라며 전갈을 보낸 후 직접 찾아와 그 앞에 엎드리는데 이것은 어떤 의미가 있는가?(창 50:18)

요셉이 어린 시절 꾸었던 꿈이 다시 한번 성취되는 것을 의미한다.

 형들은 요셉의 보복을 두려워하며 진심으로 절을 한다. 이것은 요셉이 어린 시절 꾸었던 꿈이 다시 한번 성취되는 것이다.

4 요셉의 대답은 무엇인가?(창 50:19)

두려워하지 마소서. 내가 하나님을 대신하겠습니까.

요셉은 형제들의 방문에 서운했지만 지난 17년 동안 형들에게 들려 주었던 말을 다시 들려준다. "두려워하지 마소서. 내가 하나님을 대신하리이까 당신들은 나를 해하려 하였으나 하나님은 그것을 선으로 바꾸사 오늘과 같이 많은 백성의 생명을 구원하게 하시려 하셨나니 당신들은 두려워하지 마소서 내가 당신들과 당신들의 자녀를 기르리이다." 요셉은 형제들을 심판하지 않겠다는 의지를 재확인시켜 준다.

5 요셉의 유언은 무엇이며, 왜 이러한 유언을 남겼는가?(창 50:24, 25)

언젠가 하나님께서 너희들을 꼭 이 땅에서 인도해 내셔서 아브라함과 이삭과 야곱에게 맹세하신 땅으로 데려가실 것이다. 그때 꼭 나의 뼈를 가져가 하나님께서 우리 선조들에게 허락하신 약속의 땅에 묻어달라.

 요셉은 죽으면서 한 가지 유언을 남겼다. "언젠가 하나님께서 너희들을 꼭 이 땅에서 인도해 내셔서 아브라함과 이삭과 야곱에게 맹세하신 가나안 땅으로 데려가실 것이다. 그때 꼭 나의 뼈를 가져가 하나님께서 우리 선조들에게 허락하신 약속의 땅 가나안에 묻어다오". 성경에서 처음으로 '아브라함'과 '이삭'과 '야곱'이 함께 언급되고 있다. 훗날 그의 유언대로 모세가 그의 뼈를 가지고 이집트를 떠나며(출 13:19), 여호수아가 그의 뼈를 세겜에 묻게 된다(수 24:32). 요셉이 이 유언을 남긴 이유는 평생 형제들에게 가족의 일원으로 받아들여지지 못한 것에 대해 죽어서라도 약속의 땅에 묻혀서 위로받기를 원한 것으로 보인다. 또한 창세기 15장의 약속에 대한 확신으로 보인다.

VI. 적용과 나눔

 삶의 내비게이션 - 적용

1 성경에서 가장 성공한 사람 중 한 명이 요셉이다. 그러나 본문에 의하면 요셉은 외로운 사람으로 표현되고 있다. 당신은 성공이 무엇이라고 생각하는가?

관찰문제 1번, 2번 참고. 요셉은 세상에서 가장 외로운 사람 중의 한 명이었다. 그는 분명 애굽의 가장 높은 지위에 있었으나 그의 높은 지위는 그의 외로움을 해결해 주지는 못했다.

각자가 생각하는 성공에 대해 이야기를 나누어 보도록 한다. 성공이 무엇이라고 생각하는지 정의를 내려 보도록 한다.

예) 높은 연봉, 많은 부동산, 뛰어난 미모, 높은 지위, 권력 등.

그러나 진정한 성공은 세상의 지위고하에 있는 것이 아니라 행복을 느끼는 것이다. 가족과의 관계에서 감사와 행복이 있다면, 사람들이 보기에 하찮은 직업을 가졌다 하더라도 그 직업에 감사하고 행복하다면 그것 또한 성공한 것이다.

인도자의 진정한 성공의 정의에 대해 생각해 보도록 돕고 각자가 추구하는 성공의 요소에는 무엇이 있는지 이야기를 나누어 본다.

2 요셉은 세상에서 일어나는 일들을 하나님의 계획과 섭리로 바라볼 수 있는 시각을 가졌다. 당신이 요셉과 같이 되기 위해 실천해야 하는 일은 무엇이 있는가?

관찰문제 4번 참고. 요셉은 자신이 노예로 팔려온 사실을 하나님의 계획과 섭리로 볼 수 있었으며, 장차 이집트를 떠나 약속의 땅에 갈 것을 바라보는 시각을 갖고 있었다.

우리에게도 지금 눈에 보이는 것으로 판단하지 않고 기독교적인 시각으로 현실을 바라보는 안목이 필요하다. 세상에서 일어나는 일들을 하나님의 계획과 섭리로 바라보는 기독교적인 시각을 갖기 위해서 각자가 실천해야 하는 일에 대해 이야기를 나누어 본다.

예) 말씀을 읽고 묵상, 기도, 급변하는 세상에서 보이는 대로 판단하지 않기 등.

인도자는 각자 실천할 수 있는 것들을 이야기 하도록 돕고, 그것을 실천하도록 격려한다.

3 죽기 전에 남기고 싶은 유언은 무엇인가?

관찰문제 5번 참고. 요셉의 유언은 그의 신앙과 믿음을 다시 한 번 보여주는 것이었다. 각자가 유언을 작성해 보도록 한다. 작성한 유언을 통해 각자가 중요시 여기는 것이 무엇인지 알 수 있다. 돈이 중심인 사람은 재산을 분배하는 유언을 남길 것이고, 풀지 못한 숙제가 있는 사람은 복수를 유언으로 남길 수도 있다. 반면 신앙인은 가족의 신앙을 유언으로 남길 수도 있다.

인도자는 유언을 작성하도록 종이를 미리 준비하고, 각자 작성하는 시간을 주도록 한다. 단, 시간분배를 잘 해야 한다. 작성하는 시간을 너무 많이 주면 모임 시간이 늘

어질 수 있고, 발표하는 시간이 줄어들 수 있다. 물론, 유언을 모두 다 발표하지 않아도 무관하다.

VII. 마무리

- 기도로 마무리한다.
- 다음 과정 성경공부에 참석하도록 권한다.
- 실천 과제를 제시한다.

 ## 생활의 아로마 - 실천

예1) 유언을 작성해 본다.

2) 요셉과 같이 기독교적인 시각을 갖기 위해 실천해야 하는 한 가지를 정하고 실천하도록 한다.

비밀 유지 서약서

나는 이 그룹에서 나눈 것들을 다른 곳에 누설하지 않기로 약속합니다. 또한 다른 그룹원들이 숨기고자 하는 내용을 나누도록 압력을 가하지 않기를 약속합니다. 하나님과 그룹원들에게 나의 약속을 성실히 이행할 것을 서약합니다.

서명 _____

날짜 _____

창세기(Ⅲ) 말씀 공부를 통한 삶의 변화 일지

주	나의 말씀 적용 (생활의 아로마)	실천 과정과 결과
1주		
2주		
3주		
4주		
5주		
6주		

주	나의 말씀 적용 (생활의 아로마)	실천 과정과 결과
7주		
8주		
9주		
10주		
11주		
12주		

창세기(Ⅲ) 엑스포지멘터리 성경공부 출석

주 \ 이름	1	2	3	4	5
OT (월 일)					
1주 (월 일)					
2주 (월 일)					
3주 (월 일)					
4주 (월 일)					
5주 (월 일)					
6주 (월 일)					
7주 (월 일)					
8주 (월 일)					
9주 (월 일)					
10주 (월 일)					
11주 (월 일)					
12주 (월 일)					
합계					
연락처					
메모 (가족/기도)					

6	7	8	9	10	11	12

송병현 〈엑스포지멘터리 시리즈〉의 저자. 캐나다 틴데일대학교(B. Th.)와 미국 시카고 트리니티 복음주의신학교를 졸업하고(M. Div.) 동 대학원에서 박사학위(Ph. D.)를 받았다. 1997년부터 백석대학교 구약학 교수로 봉직 중이며 2009년부터는 선교지의 지도자 교육을 위해 강사 진을 파송하는 STAR 선교회를 이끌고 있다. 목회자와 신학생뿐 아니라 하나님의 말씀에 진지하게 귀 기울이기 원하는 이 땅의 그리스도인들 을 섬기기 위해 활발한 성경 강해와 해석 사역을 펼치고 있다.

송(임)우민 캐나다 틴데일대학교(B. Th.)와 미국 시키고 트리니티 복 음주의신학교를 졸업(M. Div.), LA에 있는 탈봇신학교에서 기독교교육 학으로 박사학위(Ph. D.)를 받았다. 20여 년간 북미와 한국에서 영어 주일학교 전도사로 교회학교 현장에서 사역했으며, CMIS 캐나다국제학 교 이사, Korea Montessori College 교수, 몬테소리 교사 및 컨설턴트 등 다양한 교육학적 경력을 바탕으로 학부모 세미나, 부부 세미나, 교 사 세미나와 주요 강사로서 가정과 교회학교를 말씀으로 세우기를 갈 망하는 부모와 교사들을 섬기고 있다. 현재 백석예술대학교 사회복지학 부 전임교수로 봉직 중이며, 남편 송병현 교수와 함께 STAR 선교회 이 사로 섬기고 있다.

엑스포지멘터리 성경공부 시리즈 창세기(Ⅲ) - 인도자용

초판 1쇄 발행 2013년 7월 1일
2판 1쇄 발행 2023년 11월 20일

지은이 송병현, 임우민
구성 신윤영

펴낸곳 도서출판 이엠
등록번호 제25100-2015-000063
주소 서울시 강서구 공항대로 220 610호
전화 070-8832-4671
E-mail empublisher@gmail.com

내용 및 세미나 문의 스타선교회: 02-520-0877 / EMail: starofkorea@gmail.com / www.star123.kr
Copyright © 송병현, 임우민, 2023. *Print in Korea.*
ISBN 979-11-93331-03-3 93230

※ 본서에서 사용한 『성경전서 개역개정판』의 저작권은 재단법인 대한성서공회 소유이며
　　재단법인 대한성서공회의 허락을 받고 사용하였습니다.
※ 이 책의 전부 또는 일부 내용을 재사용하려면 사전에 저작권자와 도서출판 이엠의 동의를 받아야 합니다.
※ 가격은 표지 뒷면에 있습니다.

「이 도서의 국립중앙도서관 출판시도서목록(CIP)은 서지정보유통지원시스템 홈페이지(http://seoji.nl.go.kr)와 국가자료공
동목록시스템(http://www.nl.go.kr/kolisnet)에서 이용하실 수 있습니다. (CIP제어번호:CIP2015000753)」